마틴 루터,
독일의 그리스도인 귀족들에게

마틴 루터, 독일의 그리스도인 귀족들에게

발행일	2021년 3월 8일 발행
발행인	손영란
저　자	마틴 루터(Martin Luther)
번　역	전경미
편　집	키아츠KIATS 편집팀
디자인	박송화, 조유영
펴낸곳	키아츠KIATS
주　소	서울시 도봉구 마들로 624, 302호
전　화	02-766-2019
팩　스	0505-116-2019
E-mail	kiatspress@naver.com
ISBN	979-11-6037-178-9(02230)
Web	www.kiats.org

* 본 출판물의 저작권은 키아츠(KIATS)에 있습니다.
* 사전동의 없이 무단으로 복사 또는 전재하여 사용할 수 없습니다.

마틴 루터

독일의 그리스도인 귀족들에게

저자 마틴 루터

번역 전경미

에필로그 김재현

키아츠
KIATS

일러두기

- 독자의 편의를 위해 편집자가 목차와 각주 일부를 수정, 편집하였다.
- 독자의 이해를 돕기 위해 짧은 설명이나 한자 또는 영어를 추가하였다.
- 본문 중 원문에 표기된 괄호는 ( )를, 독자의 이해를 돕기 위해 편집자가 추가 설명하는 내용에는 〔 〕 괄호를 사용하였다.

목차
Contents

인트로 • 6
독일의 그리스도인 귀족들에게 보내는 글 • 11

에필로그 우리가 루터를 기억해야 할 이유_김재현 • 198

주요자료 • 208

신학박사 마르틴 루터가

존경 받는 성서학 석사이고

비텐베르크 대성당의 참사회 회원이며

특별한 친구인

니콜라우스 폰 암스도르프(Nicholas von Amsdorf)에게

• • •

　존경하고 친애하는 친구인 그대에게 하나님의 은혜와 평화가 함께하길 빕니다.

　전도서에서 말했듯이(전 3:7), 침묵의 때는 지나고, 이제 말할 때가 왔습니다. 저는, 그리스도교가 처한 상황을 개혁하는 문제에서 몇 가지 의견을 종합해 독일의 그리스도인 귀족들 앞에 제시해 보고자 하는 우리의 의도를 수행하려고 합니다. 이렇게 하는 것은 하나님께서 평신도를 통하여 당신의 교회를 도우시기를 바라는 마음에서 입니다. 왜냐하면 이런 과제를 더욱 합당하게 책임질 수 있는 성직자들이 이런 문제에 지극히 무관심해졌기 때문입니다. 저는 존경하는 당신께, 그 모든 것을 보냅니다. 그것에 관한 의견을 주시고, 또 필요하다면 수정해 주시기를 부탁드립니다.

　괄시를 받고 보잘것없는 사람인 제가 감히 그렇게 높고 큰 지위에 있는 분들에게 그토록 무거운 문제들을 건네는 것이기 때문에, 그것이 마치 루터 박사[저] 외에는 이 세상에 그리스도교의 그런 상황의 원인을 다루거나 고위직 사람들에게 충고를 할 만한 사람이 없는 것처럼 행동하는 듯하기 때문에, 제가 주제넘는다는 것에 대한 비난을 피할 수 없으리라는 것을 충분히 잘 알고 있습니다. 누가 사과를 요구할지라도 저는 그렇게 하지 않으렵니다. 아마도 저는 하나님과 세상에 또 하나의 어리석은 행위를 하는 빚을 지게 될 것입니다. 저는 성실하게 저의 빚을 갚으려고 합니다. 만약 제가 성공한다면, 저는 얼마간은 궁정의 광대가 될 것입니다. 제가 실패한다고 해도 저는 여전히 하나의 이득을 갖게 됩니다. 즉, 그 누구도 저를 위해 모자를 사 줄 필요도, 제 머리에 가위를 댈 필요도 없을 테니까 말입니다.[1]

그것은 누가 누구에게 방울을 달 것인가에 관한 문제입니다. 저는 다음과 같은 격언을 성취해야 합니다. "세상이 무슨 짓을 하든지, 혹 그에게 색칠을 하더라도(즉, 그를 사실과 다르게 만들지라도), 수도사는 그 그림 안에(세상 안에) 있어야 한다."[2] 어쩌다 한 번씩 어리석은 이도 지혜롭게 말하고, 한편 지혜로운 사람들도 종종 순전한 바보가

---

1. 이 문장과 다음 문장은, 수도사의 고깔과 삭발 그리고 어릿광대의 모자와 방울을 암시하면서 익살스럽게 표현하고 있다.
2. 수도사는 항상 거기에 있는 존재이다(Monachus semper praesens).

되기도 합니다. 사도 바울도, "누구든지 지혜롭게 되기를 원하는 사람은 어리석은 자가 되어야 한다"라고 말합니다 (고전 3:18 참조). 게다가 저는 어리석은 바보일 뿐만 아니라 또한 선서를 한 성경학 박사이기도 하기 때문에, 제가 바보의 겉모습으로 있을지라도 저의 박사 학위의 맹세를 수행할 수 있어서 기쁩니다.[3]

당신께 간청하오니, 적당하게 지성을 지닌 사람들에게 저의 사과를 전해주십시오. 저는 비상하게 총명한 사람들의 신임과 지지를 어떻게 얻어야 할지는 알지 못합니다. 저는 종종 매우 애써서 그렇게 하려고 했으나, 이제부터는 그들의 지지를 바라지도 않고 소중하게 생각하지도 않으렵니다. 하나님께서 우리로 하여금 우리 자신의 영광이 아니라 오직 그분의 영광만을 추구하도록 도우시기를 기도합니다.

아멘.

> 1520년 성 세례자 요한의 축일 전날에 [6월 23일],
> 비텐베르크에 있는 아우구스티누스 수도원에서

---

3. 루터는 종종 자신이 박사 학위를 취득했고 그것의 의무가 복음을 가르치되 그 자신의 뜻에 따라서가 아니라 그의 상급자들에 대한 순종에 따라서 가르치는 것임을 강조했다.

독일의 그리스도인 귀족들에게 보내는 글

지극히 고매하시고 권위 있으신 황제 폐하와 독일의 그리스도인 귀족들에게, 신학 박사 마르틴 루터가 이 글을 올립니다.

　하나님의 은혜와 권능이 고매하신 폐하와 자애로운 고관 여러분들께 함께하시길 축원합니다.

　저같이 부족한 사람이 높으신 분들께 말씀을 드리는 일을 스스로 맡은 것은 그저 무례함과 성급함 때문이 아닙니다. 전 세계 기독교 국가들, 특히 독일에서, 모든 상황들은 현재 고통과 곤경에 의해 짓눌려 있고, 이런 것은 저뿐만 아니라 모든 사람들도 또한 동요시켜 거듭거듭 울부짖도록 만들고, 도움을 위해 기도하게 만들고 있습니다. 저는 지금 이 시각에도 하나님께서 그분의 성령으로 누군가를 고무시키셔서 이 고통 받고 비참한 나라에 도움의 손길을 주도록 해주십사 하면서 크게 부르짖지 않을 수가 없습니다. 종종 공의회들은 개혁을 위한 어떤 시도들을 만들었으나, 그들의 시도들은 어떤 사람들의 간교한 속임수에 의해 교묘하게 좌절되어 왔고, 결국 사태는 더 나빠져 왔습니다. 하나님의 도우심으로 저는 이 사람들의 책략과 사악함을 폭로하고자 합니다. 그리하여 그들의 정체가 그대로 드러남으로써 그들이 다시는 그토록 방해를 하고 파괴적으로 행동하지 못하게 하기 위해서입니다. 하나님께서는 우리에게 국가의 수장[4]으로서의 고귀한 혈통의 한 젊은이를 주셨고, 그를 통해서 수많은 사람들의 마음에 선에 대한 커다란 희망이 일깨워졌습니다. 그런 기회가 주어졌으니, 이제 우리가 할 수 있는 것을 행하고, 이 은혜의 때를 유익하게 사용해야 합니다.

이 문제에서 해야 할 우선적이고 가장 중요한 것은 우리 자신을 아주 진지하게 준비하는 일입니다. 세상의 모든 권력이 우리의 것이라고 할지라도, 우리가 큰 힘이나 인간 이성에 신뢰를 둠으로써 어떤 것을 시작해서는 안 됩니다. 하나님께서는 선한 일이 우리 자신의 힘과 이성에 신뢰를 둠으로써 시작되는 것을 인내하지 않으실 것이고, 그런 일을 땅바닥에 내동댕이치십니다. 그런 일은 전혀 쓸모

---

4. 신성로마제국의 황제 카를 5세(Charles V)를 가리킨다. 그는 1519년 20살의 나이에 황제로 선출되었다. 1521년 보름스 의회 때, 루터는 카를 5세 앞에 나서게 되었다.

가 없습니다. 시편 33편에서도 이렇게 말합니다. "많은 군대로 구원을 얻은 왕이 없으며 용사가 힘이 세어도 스스로 구원하지 못하는도다"(시 33:16). 저는 이전 시대에 훌륭한 황제들이었던 프리드리히 1세(Friedrich I, 재위 1152-1190)와 프리드리히 2세(Friedrich II, 재위 1212-1250), 그리고 다른 많은 독일 황제들이, 세상 모두가 그 황제들을 두려워했는데도, 교황에 의해 치욕스럽게 억눌렸고 발밑에 짓밟혔던 이유가 바로 그런 것임을 두고 우려하고 있습니다. 그들은 아마도 하나님보다는 그들 자신의 힘을 더 믿었고, 그리하여 추락할 수밖에 없었을 것입니다. 우리 자신의 시대에 피에 굶주린 (교황) 율리우스 2세(Julius II, 재위 1503-1513)를 그런 높은 자리까지 들어 올렸던 것은 무엇이었습니까? 제가 우려하는 것은 프랑스와 독일, 그리고 베니스가 자신들을 신뢰했던 것을 제외하면 어떤 다른 나라도 그렇게 하지 않았다는 것입니다. 베냐민의 자손은 42,000명[5]의 이스라엘 사람을 죽였는데, 그 이유는 그들이 스스로의 힘에 의지했기 때문이었습니다(삿 20:21).

그런 것이 우리와 우리의 고귀한 카를 황제에게 일어나지 않도록 하기 위해서, 우리는 이 문제에서 우리가 인간

---

5. 여기서 루터의 기억은 정확하지 않다. 사사기에 의하면 2만 2천 명이다.

을 상대하고 있지 않고 지옥의 왕자들을 상대하고 있음을 깨달아야 합니다. 이 지옥의 왕자들은 세상을 전쟁과 유혈사태로 채울 수 있지만, 전쟁과 유혈사태는 그들을 이길 수 없습니다. 우리는 물리적 힘을 신뢰하기를 포기하고 하나님을 겸손히 신뢰함으로써 이 과제와 씨름해야 합니다. 우리는 열렬한 기도를 통해 하나님의 도움을 구하고, 악한 사람들이 받아 마땅한 것에 구애받지 말고 우리의 마음을 고통받는 기독교 나라들의 비참함과 괴로움에만 고정해야 합니다. 그렇지 않다면, 우리는 그 대결을 승리에 대한 커다란 전망을 갖고 시작하되, 우리가 그것을 진행할 때는 악한 영이 많은 혼돈을 초래하여 온 세상은 피바다에서 수영해야 할 것이며, 되는 일은 아무것도 없을 것입니다.

그러므로 하나님께 대한 경외심을 갖고 현명하게 행동합시다. 만약 우리가 겸손하게 하나님을 경외하면서 행동하지 않는다면, 우리가 사용하는 힘이 크면 클수록, 우리가 맞을 재앙은 더 클 것입니다. 만약 교황 지상주의자[6]들이 지금까지 악마의 도움에 의해서 나라들끼리 서로 맞서도록 왕들을 세울 수 있었다면, 우리가 하나님의 도우심 없

---

6. "교황 지상주의자(Romanists)"는 교황의 지상권(papal supremacy)을 내세우던 로마 가톨릭교도들을 경멸적으로 일컫는 말이다.

이 나아가 우리 자신의 힘과 계략으로만 싸울 때, 그 세력은 다시 그렇게 할 수 있을 것입니다.

교황 지상주의자들이 만든 세 개의 장벽

교황 지상주의자들은 자신들을 둘러싸는 세 개의 장벽을 교묘하게 세웠습니다. 지금까지 그들은 이 장벽들에 의해 그 누구도 자신들을 개혁할 수 없는 방법으로 자신들을 보호해 왔습니다. 그 결과, 전 세계의 그리스도교 나라들은 매우 끔찍하게 몰락해 왔습니다.

무엇보다 먼저, 세속 권력에 의해 압력을 받았을 때, 그들은 칙령을 만들어 선포하기를, 세속 권력은 교황청에 대해 관할권을 행사할 수 없고 오히려 영적 권한이 세속 권력 위에 있다고 했습니다. 두 번째로, 성경을 통해 그들을 비난하는 시도가 생길 때, 그들은 오직 교황만이 성경을 해석할 수 있다고 반론을 제기합니다. 세 번째로, 공의회를 열라는 위협을 받으면, 그들은 교황 외에는 그 누구도 공의회를 소집할 수 없다고 꾸며댑니다.

이런 방식으로 그들은 우리로부터 우리가 가진 세 개의 권위 있는 지팡이를 교활하게 훔쳤고, 그럼으로써 그들이 처벌받지 않을 수 있도록 했습니다. 그들은 이 세 개의 장벽으로 둘러싸인 안전한 요새에 안락하게 자리를 잡고서는, 오늘날 우리가 알고 있는 모든 부정행위와 사악함을 저지를 수 있었습니다. 그들이 공의회를 개최하지 않을 수 없었을 때조차도, 그들은 제후들을 꼬드겨 자신들이 이전처럼 남아 있을 수 있도록 하겠다고 제후들로 하여금 맹세토록 함으로써 사전에 그 공의회의 힘을 약화시켰습니다. 게다가 그들은 교황에게 공의회의 모든 결정에 대한 전권을 부여하였고, 그리하여 공의회가 많이 열리든지 열리지 않든지 결과는 언제나 동일합니다. 그들은 우리를 꼭두각시놀음과 모의전으로 기만할 뿐입니다. 그들은 구속 받지 않는 참된 공의회에서 내려질 수 있는 징계를 끔찍하게 두려워합니다. 그들은 부정하고 엽기적인 모든 속임수들을 통해서 교묘하게 왕들과 제후들을 몹시 위협했고, 그리하여 왕과 제후들은 교황 지상주의자들에게 복종하지 않는 것은 하나님께 대한 죄가 되리라고 믿고 있습니다.

부디 하나님께서 우리를 도우셔서 우리에게 여리고의 벽들을 무너뜨렸던 그 나팔들 가운데 하나라도 주시기를 빕니다. 우리가 그와 같은 방법으로 지푸라기와 종이로 된 이 장벽들을 파괴해서 죄를 벌하기 위한 그리스도교의 지팡이들을 되찾아 그것들을 통해 악마의 책략과 속임수를 밝히 드러내도록, 그리하여 마침내 처벌을 통하여 우리가 우리 자신을 개혁하고 다시 한번 하나님의 은혜를 얻을 수 있도록 말입니다.

첫 번째 장벽

첫 번째 장벽에 대한 공격과 함께 시작해 봅시다. 교황, 주교, 사제, 수도승이 영적인 신분으로 불리고, 한편 영주, 장인, 농부는 세속적인 신분이라고 불리는 것은 완전히 지어낸 이야기입니다. 참으로 이는 하나의 속임수이고 위선입니다. 그 누구도 이것에 의해, 또한 그 이유로 위협을 당할 필요가 없습니다. 모든 그리스도인들은 진정 영적인 신분을 지니고 있고, 따라서 저마다의 직무의 차이 외에는 그리스도인들 가운데 어떤 차이가 없습니다. 고린도전서 12장에서 사도 바울도 말하기를, 우리는 모두 한 몸이고 각각의 지체는 고유의 일을 담당하며, 그런 일에 의해서 다른 지체들을 섬긴다고 말합니다(고전 12:12-13). 왜냐하면 우리 모두가 하나의 세례, 하나의 복음, 하나의 믿음을 지니며, 우리 모든 그리스도인들은 다 똑같기 때문입니다. 세례와 복음, 그리고 신앙만이 우리를 영적으로 만들고, 그리스도의 백성이 되게 합니다.

교황이나 주교는 (영적 신분의 사람들을 위하여) 기름을 바르고, 삭발을 명하며, 서품하고, 축성하며, 평신도가 입는 것과는 다른 의복을 지시합니다. 그러나 그가 그렇게 한다고 결코 사람을 그리스도인으로, 영적인 사람으로 만들 수 없습니다. 그는 사람을 위선자나 사기꾼, 돌대가리로 잘 만들 수는 있지만, 결코 그리스도인이나 영적인 사람으로 만들 수 없습니다. 실제로는 모든 그리스도인은 세례를 통하여 성별된 사제들입니다. 성 베드로도 베드로전서 2장에서 이렇게 말합니다. "너희는 … 왕 같은 제사장들이요 거룩한 나라요"(벧전 2:9). 요한계시록도 이렇게 말합니다. "당신께서는 사람들을 피로 사서 … 그들로 우리 하나님 앞에서 나라와 제사장들을 삼으셨으니…"(계 5:9-10). 교황이나 주교에 의한 성별이 [우리를] 사제로 만들지 못할 것입니다. 또한 만약 우리가 교황이나 주교가 주는 것보다 더 높은 축성을 지니지 못한다면, 아무도 미사를 드릴 수 없고, 설교를 할 수도, 죄의 사면을 줄 수도 없습니다.

그러므로 주교가 축성할 때, 그것은 공동체 전체의 이름으로 그가 한 개인을 공동체로부터 취해—비록 각 지체가 평등한 힘을 지니지만—그 사람으로 하여금 다른 지체들을 위하여 이 힘을 행사하도록 임무를 맡기는 것입니다.

마치 왕의 아들들인 10명의 형제들, 곧 동등한 상속인들 가운데 한 명을 골라서 모두의 이익을 위하여 유산을 관리하게 하는 것과도 같습니다. 어떤 의미에서 그들은 모두 동등한 힘을 가진 왕들입니다. 그렇다 하더라도 그들 중 한 사람이 다스리는 책임을 맡게 되는 것입니다.

이를 보다 더 분명하게 설명하면 이렇습니다. 성실한 평신도 그리스도인들이 죄수로 잡혀서 사막에 내려졌는데, 그들 가운데 주교에 의하여 서품된 사제가 없었다고 합시다. 또한 그들이 그 사막에서 즉시로 같은 마음을 품게 되어 그들 무리 가운데 한 사람을 그 사람이 결혼을 했든지 안 했든지 뽑아서, 그 사람에게 세례를 베풀고 미사를 드리고 죄 사함을 선포하며 복음을 설교하도록 책임을 맡겼다고 합시다. 그런 사람은 진실로 마치 세상의 모든 주교들과 교황들에 의해 서품된 것 같은 사제의 자격을 지닐 것입니다. 바로 이것이 긴급하게 필요할 때 누구나가 세례를 베풀 수 있고, 또 죄 사함을 줄 수 있는 이유입니다. 만약 우리 모두가 사제들이 아니라면, 이런 것은 불가능할 것입니다.

교회법을 통하여 교황 지상주의자들은, 세례와 의롭다고 받아들여지는 경탄스러운 은혜와 권위를 거의 파괴시

켰고 무명의 것으로 만들어 버렸습니다. 과거에 그리스도인들은 위의 방식으로 그들 가운데서 자신들의 주교와 사제들을 선정하곤 했고, 그런 다음 그들은 다른 주교들에 의해서, 오늘날과 같이 호들갑 떠는 일 없이, 공식적으로 확증되었습니다. 성 아우구스티누스(Aurelius Augustinus), 암브로시우스(Ambrosius), 키프리아누스(Cyprianus)가 각각 이 방식으로 주교가 되었습니다.

세속 권위를 행사하는 사람들도 우리와 같이 똑같은 세례를 받았고, 똑같은 신앙과 복음을 지니고 있기 때문에, 우리는 그들이 사제요 주교들임을 인정해야만 합니다. 또한 우리는 그들의 직무를 그리스도교 공동체 안에서 고유하고 유용한 위치를 갖는 것으로서 간주해야만 합니다. 왜냐하면 세례의 물로 태어난 사람이면 누구나 다 자신이 이미 성별된 사제이고 주교이며 교황임을 자랑할 수 있기 때문입니다. 물론 그저 누구나가 그런 직무를 행사한다는 것은 적절하지 않지만 말입니다.

우리 모두는 동등한 위치에 있는 사제들이기 때문에, 우리 모두의 동의와 선거 없이는, 누구도 우리 모두가 평등한 권한을 갖고 있는 그 직무를 행하기 위하여 스스로 앞으로 나아가 그 일을 맡으면 안 되는 것입니다. 누구도 모두에게 공유되는 것을 공동체의 권위와 동의 없이 스스로 감히 취할 수가 없습니다. 만약 그런 직무를 위해 선택된 사람이 맡겨진 것을 남용해서 물러나는 일이 발생한다면, 그때 그는 어김없이 그전의 자리로 돌아가야 합니다. 따라서 그리스도교계에서 사제는 공직에 있는 사람에 지나지 않습니다. 그가 직무를 행하고 있는 한, 그는 우선권을 갖습니다. 그 자리에서 그가 물러나면, 그는 다른 사람과 같이 일개 농부요 시민입니다. 참으로, 사제가 자리에서 물러나면, 그는 결코 사제가 아닙니다. 그러나 오늘날 교황지상주의자들은 (사제직의) "지울 수 없는 특성(characteres indelebiles)"이라는 것을 고안해서 말하기를, 폐위된 사제는 그럼에도 불구하고 평신도와는 다른 어떤 존재라고 합니다. 그들은, 사제가 사제 아닌 다른 그 무엇이 될 수 없다는, 다시 말해서 그는 결코 평신도가 될 수 없다는 망상을 주장하고 있습니다. 그 모든 것은 그저 고안해 낸 이야기이고, 인간의 규정입니다.

이 논의로부터, 평신도와 사제, 제후와 주교, 종교적인 인물과 세속적인 인물 사이에, 지위와 일이라는 이유를 제외하면 신분의 이유에 있어서는 진정한, 근본적인 차이는 없다는 것이 성립됩니다. 그들은 모두 영적인 신분에 있고, 모두가 진정으로 사제이고 주교이며 교황입니다. 그러나 그들이 모두 같은 직무를 수행하지는 않습니다. 사제와 수도승이 같은 직무를 하지 않는 것처럼 말입니다. 이것이, 위에서 제가 언급했듯이, 로마서 12장 4-5절, 고린도전서 12장 12절, 베드로전서 2장 9절 말씀의 가르침입니다. 즉, 우리는 모두 머리이신 그리스도의 한 몸으로서 서로 지체가 된다는 것입니다. 그리스도께서 하나는 세속적인 몸, 다른 하나는 영적인 몸, 두 개의 다른 몸을 지니시는 것이 아닙니다.

그러므로 오늘날 "영적인" 부류로 일컬어지는 사람들, 곧 사제들, 주교들, 교황들은 다른 그리스도인들과 다르지도 않고, 그들보다 우월하지도 않습니다. 다만 그들은 그들의 직무와 일로서 하나님의 말씀과 성사에 관한 일에 책임이 지워져 있을 뿐입니다. 그러므로 이것은 세속적 권한에 있는 사람들도 마찬가지입니다. 그들은 그들의 손에 칼과 회초리를 들고 사악한 사람들을 벌하고 선한 사람들을 보호합니다. 신발 수선공, 대장장이, 농부 각각은 그 자신의 직업의 직무와 일을 지니고 있습니다. 그러나 그들은 모두 똑같이 성별된 사제요 주교입니다. 더욱이 모든 사람은 그 자신의 일이나 직무의 수단을 통해서 다른 이들을 이롭게 하고 섬겨야 합니다. 그래서 이런 방식으로 공동체의 물리적이고 영적인 안녕을 위하여 많은 종류의 일들이 행해져야 합니다. 몸의 모든 지체들이 서로를 섬기듯이 말입니다 (고전 12:14-26).

"세속권력이 '영적인 신분' 위에 있지 않고, 또한 그것을 벌할 권리를 갖고 있지 않다"라고 말하는 칙령이 어떻게 그리스도교적인가에 관해 잠깐 생각해 봅시다. 그것은 마치 눈이 고통을 겪을 때 손은 그것을 돕지 않는다고 말하는 것과 같습니다. 한 지체가 다른 지체를 돕지 않고, 또한 그것이 파멸되는 것을 막지 않는다는 것이 비그리스도교적임은 두말할 여지도 없고 부자연스럽지 않습니까? 사실, 더 영광스러운 지체일수록 다른 지체들을 더 많이 도와야만 합니다. 그러므로 세속적인 권력이, 사악한 이들을 벌하고 선한 이들을 보호하기 위해서 하나님으로부터 서품되기 때문에, 그 권력은 제한 없이 그리스도교 국가라는 전체 몸에서 그 직무를 수행하기 위해서 자유롭게 되어야 한다고 저는 말합니다. 그것이 교황, 주교, 사제, 수도승, 수녀, 어떤 누구에게나 영향을 주든 아니든 개인들에 상관없이 말입니다. 만약 세속권력이 모든 영적 신분(설교자, 고해신부, 또는 모든 다른 영적 지위의 사람들)보다 열등하고, 그리하여 세속권력이 (영적 신분에 대해) 그 합당한 일을 할 수 없다고 말하는 것이 올바른 것이라면, 그럴 때 재단사, 신발 수선공, 석공, 목수, 요리사, 여관주인, 농부, 그 외 모든 세속의 기능공들은 교황, 주교, 사제, 수도승들에게 십일조를 바쳐서도 안 되는 것은 물론이고, 또한 신발이나 옷, 집, 그리고 고기와 음료를 제공해서도 안 되는 것입니다.

반면 이런 평신도들이 제한 없이 그들의 고유한 일을 하는 것이 마땅하다면, 그때 교황 지상주의 학자들은 그들 자신의 법, 곧 세속 그리스도인의 권한으로부터 나오는 관할권으로부터 자신들을 면제시키는 법으로 무엇을 하고 있는 것입니까? 그것은 바로, 그들이 악을 마음대로 행할 수 있고, 그리하여 성 베드로가 다음과 같이 말한 것을 성취하기 위하여 된 일입니다. 성 베드로는, 거짓 선지자들이 백성 가운데 일어나 그들을 속이고, 거짓되고 헛된 말로 사람들을 악용하리라고 말했습니다(벧후 2:1-3 참조).

이런 이유 때문에 세속 그리스도인의 권한은, 그것이 영향을 미치는 대상이 교황이든 주교이든 사제이든지 개의치 않고, 방해 없이 행사되어야 합니다. 죄를 지은 사람은 누구든지 고통을 겪게 해야 합니다. 교회법이 반대로 말해

온 모든 것은 교황 지상주의자들의 오만함이 고안해 낸 것입니다. 성 바울은 모든 그리스도인들에게, "각 사람은(저는 이 말을 교황을 또한 의미하는 것으로 받아들입니다) 세상의 권세에 복종하라. 왜냐하면 그것은 공연히 칼을 가지지 아니하였으니 곧 하나님을 도와 악을 행하는 자를 벌하고 선을 행하는 자를 이롭게 하기 때문이다"라고 말하고 있습니다(롬 13:1-4 참조). 성 베드로도 또한, "인간의 모든 법령에, 그것을 그렇게 의도하신 주님을 위하여 순종하라"라고 말합니다(벧전 2:13,15). 또한 그는 베드로후서 2장에서, 어떤 사람들이 일어나 세상의 권세를 멸시할 것이라고 예언했습니다(벧후 2:1). 이는 정확하게 교회법을 통하여 일어났던 것입니다.

이제 제가 생각하는 것은, 이 첫 번째 종이 장벽이 무너졌다는 것입니다. 세속적 권력이 그리스도인의 몸의 지체가 되었기 때문에, 비록 그것의 일이 물리적이라고 할지라도 이제 그것은 영적인 지위를 갖습니다. 그러므로, 그것의 활동은 그 몸 전체의 모든 지체들에게 방해 없이 뻗어가야 합니다. 죄가 처벌받아 마땅하거나 필요가 생길 때마다, 그 장본인이 교황이든 주교이든 또는 사제이든 관계없이, 죄를 벌하고 힘을 행사하기 위해 그 권력은 활동해야 합니다.

교황 지상주의자들이 멋대로 위협과 선포를 퍼붓도록 내버려 두십시오. 죄가 있는 사제들이 세속법에 넘겨질 때 우선 그들의 사제직이 박탈당하는 이유가 그것입니다. 만약 [세속] 권력의 칼이 먼저 신적 권위에 의해 이 사제들에 대한 권한을 받지 않았다면, 그런 것은 옳은 일이 아닐 것입니다. 게다가 교회법에서는 성직자의 자유와 생명과 재산에 너무나 큰 중요성을 부여하고 있습니다. 이는 마치 평신도는 그들만큼 영적이지도 않고 선한 그리스도인이 아닌 것처럼, 또는 교회에 속하지 않는 것처럼 간주되게 하는데, 이런 것은 참을 수가 없는 것입니다. 우리가 모두 그리스도인들이고 같은 세례와 같은 신앙과 같은 성령과 그외 같은 모든 것을 가지고 있는 점을 고려한다면, 어찌하여 여러분들의 생명과 사지, 재산과 명예는 그렇게 값싸고 구별이 되는 것입니까? 사제 한 명이 살해되면, 그 지역은 금지 제재(성사집행과 교회의 다른 의식 금지)에 놓여집니다. 왜 농부가 살해되면 그렇지 않습니까? 똑같이 그리스도인인 두 남자 사이에 이 엄청난 차이는 어떻게 발생합니까? 이는 사람의 법과 구조로부터 기인합니다.

더욱이 그런 예외들을 만들어 죄에 "허가"와 "처벌 면제"를 부여한 것은 선한 영일 수가 없습니다. 그리스도와 사도들이 우리에게 명하시듯이, 악마의 말과 행위에 맞서서 분투하고 우리가 할 수 있는 모든 방법으로 악마를 쫓아내는 것이 우리의 과제라면, 교황이나 그의 지지자들이 악마적 말과 행위를 할 때 어찌하여 우리는 아무것도 행하지 않고 말하지도 않은 상태로 들어가게 되었습니까? 이들의 입장을 고려하여 그들이 신적 계명과 진리를 억누르도록 우리가 허락해야 합니까? 우리는 세례 때 우리의 몸과 마음으로 그 계명과 진리를 옹호하기로 맹세하지 않았습니까? 그렇다면 우리는 그것으로 인해 버림을 받고 잘못된 방향으로 이끌려지는 모든 영혼에 대해 책임져야 할 것입니다.

만약 교황이 수많은 영혼을 악마에게로 인도할 정도로 너무나 지독하게 나쁘다고 할 때, 그래도 여전히 그는 폐위될 수 없다고 교회법에서 기록된 것을 말한 이는, 바로 악마의 우두머리였음이 틀림없습니다. 로마에서 그들은 이 저주받고 사악한 토대를 기반으로 하고 있고, 온 세상이 악마의 악행에 저항하기보다는 오히려 그쪽으로 가도록 우리가 방치해야 한다고 생각하고 있습니다. 한 사람이 다른 사람들 위에 있기 때문에 그가 처벌을 피할 수 있다면, 어떤 그리스도인도 다른 그리스도인을 벌할 수 없습니다. 왜냐하면 그리스도께서는, 모든 사람이 가장 보잘것없고 미약한 사람으로서 자기 자신을 간주해야 한다고 명하셨기 때문입니다(마 18:4).

죄가 있는 곳에 이제 더 이상 처벌에 대한 어떤 보호막이 없습니다. 교황 그레고리우스 1세(Gregorius I, 재위 590-604)는 말하기를, 우리 모두는 참으로 평등하고, 다만 죄만이 그 사람을 다른 이들보다 열등하게 만든다고 합니다. 우리는 교황 지상주의자들이 어떻게 전 세계의 그리스도인들을 다루고 있는지를 이제 압니다. 그들은 그리스도인의 자유를 성경으로부터의 어떤 증거도 없이 자신의 기분에 따라 빼앗아갑니다. 그러나 사도들뿐만 아니라 하나님께서는 그들을 세속의 칼에 복종하도록 만드셨습니다. 그들을 통하여 적그리스도가 활약하는 것이 아닌지, 또는 적어도 그 전조가 나타난 것이 아닌지 우려할 만합니다.

두 번째 장벽

두 번째 장벽은 더 허술하게 세워져 있고, 덜 튼튼합니다. 교황 지상주의자들은 자신들의 일생 동안 성경으로부터 어떤 것 하나도 배우지 않으면서, 성경의 유일한 주인들이 되려고 합니다. 그들은 너무나 염치없이 스스로 유일한 권위를 취하면서, 우리의 목전에서 말장난을 하고 있습니다. 교황이 의롭거나 사악하거나 관계없이, 교황의 존재는 신앙에 관한 문제들에 있어서 오류를 범할 수 없다고 우리를 설득하려 합니다. 그러나 그들은 그것을 입증하기 위해 [성경으로부터] 단 한 글자도 찾을 수 없습니다. 이것이 왜 그토록 이단적이고 비그리스도교적이며 비정상적이기조차 한 조례들이 교회법으로 행세하고 있는지에 대한 이유입니다. 그러나 지금 이 조례들에 대해서 말할 필요는 없습니다. 교황 지상주의자들은, 자신들이 무지하든지 악하든지 관계없이, 성령이 그들을 결코 떠나지 않는다고 생각하고, 이 때문에 대담해지면서 그저 자신들이 원하는 것을 선포합니다.

그들이 주장하는 것이 참되다면, 대체 성경은 왜 필요합니까? 성경은 대체 무엇을 위한 것입니까? 성경을 태워버리고 성령을 지니고 있는 로마의 그 무식한 선생들로 그저 만족해하면 되겠습니다! 그러나 성령은 오직 신앙심 깊은 마음에만 거하실 수 있습니다. 만약 제 자신의 눈으로 성경의 말씀을 직접 읽지 않았다면, 저는 악마가 로마에서 그런 어리석은 주장을 하고, 또 그런 주장의 지지자들을 얻는 것이 가능하다는 것을 믿을 수가 없었을 것입니다.

그저 우리 자신의 말로써 그들과 겨루지 않기 위해서 우리는 성경을 인용하고자 합니다. 성 바울은 고린도전서 14장에서 이렇게 말합니다. "만일 곁에 앉아 있는 다른 이에게 계시가 있으면 먼저 하던 자는 잠잠할지니라"(고전 14:30). 우리가 가르침을 내리는 사람만을, 즉 높은 자리에 있는 그 사람만을 강제로 믿어야 한다면, 이런 성경적 명령이 무슨 소용이 있겠습니까? 요한복음 6장에 의하면, 그리스도조차도 모든 그리스도인은 하나님에 의해서 가르침을 받을 것이라고 말씀하셨습니다(요 6:45). 교황과 그의 지지자들이 사악하고 참된 그리스도인이 아니고 하나님에 의해 가르침을 받지 않으며, 또한 참된 이해도 지니고 있지 않다면, 반면 어떤 무명의 그리스도인이 올바른 이해를 가지고 있다면, 왜 사람들이 그 사람을 따르면 안 됩니까? 교황도 종종 오류를 범하지 않았습니까? 교황이 오류를 범할 때, 만약 우리가 교황보다 더 믿을 수 있는 누군가를, 곧 성경을 자신의 유리한 쪽으로 해석하는 누군가를 가지고 있지 않다면, 누가 세상의 그리스도인들을 도울 것입니까?

그러므로 교황만이 성경을 해석할 수 있다는 그들의 주장은 터무니없이 만들어진 이야기입니다. 그들은 성경의 해석이나 그 해석에 대한 확증이 교회에게만 속한다고 주장할 어떤 글자 하나도 성경에서 보여줄 수 없습니다. 그들 자신이 이 권한을 탈취했습니다. 비록 그들이 이 권한이, 하늘의 열쇠가 성 베드로에게 주어졌을 때 그에게 주어졌다고 주장하지만, 이 열쇠가 베드로에게만이 아니고 모든 공동체에게 주어졌다는 것은 너무나 분명합니다. 게다가, 그 열쇠는 가르침이나 다스림을 위해서가 아니고, 오직 죄를 매고 푸는 것을 위해서만 정해졌습니다. 그 하늘 열쇠를 근거로 해서 그들이 부당하게 자신들에게로 돌리는 다른 어떤 것, 또는 더한 어떤 것은 무엇이든지 한낱 날조된 이야기입니다. 그리스도께서 베드로에게 하셨던 말씀, "내가 너를 위하여 네 믿음이 떨어지지 않기를 기도하였노라"(눅 22:32)는 교황에게 적용될 수 없습니다. 왜냐하면 대다수의 교황들은 신앙심이 없었습니다. 그들은 스스로 이를 인정하지 않을 수가 없습니다. 더욱이 그리스도께서 기도하신 것은 베드로만을 위해서가 아니었고, 모든 사도들과 그리스도인들을 위해서였습니다. 그분께서 요한복음 17장에서 다음과 같이 말씀하시듯이 말입니다. "아버지여 내가 아버지께서 내게 주신 자들을 위하여 비옵니다. 또한 내가 비옵는 것은 이 사람들만 위함이 아니요 또 그들의 말로 말미암아 나를 믿는 사람들도 위함이나이다"(요 17:9, 20).

이제 충분하게 분명해지지 않았습니까?

한번 생각해 보십시오. 교황 지상주의자들은 우리 가운데 참된 믿음과 영, 참된 이해와 가르침, 그리고 그리스도의 마음을 지니고 있는 훌륭한 그리스도인들이 있다는 것을 인정해야 합니다. 그렇다면 왜 우리가 훌륭한 그리스도인들의 가르침과 이해를 거부하면서, 믿음도 성령도 지니고 있지 않은 교황을 따라야만 합니까? 교황을 따른다는 것은 그리스도인의 교회뿐만 아니라 신앙 전체를 부인하는 것입니다. "나는 하나이신 거룩한 교회를 믿나이다"라는 신앙 조항이 올바르다면, 그때 교황은 올바른 단 하나의 사람일 수가 없습니다. 그렇지 않다면, 우리는 다음과 같이 고백해야 할 것입니다. "나는 로마의 교황을 믿나이다." 이것은 그리스도의 교회를 한 사람으로 축소할 것이고, 사악하고 지독한 오류와 다름이 없을 것입니다.

또한, 앞서 언급된 바와 같이, 우리 모두가 사제이고 또 모두 하나의 믿음과 하나의 복음, 하나의 세례 성사를 가지고 있다면, 왜 우리가 신앙의 문제에 있어서 올바르고 그른 것을 시험하고 판단할 능력을 또한 지닐 수 없겠습니까? 고린도전서 2장의 말씀, "신령한 자는 모든 것을 판단하나 자기는 아무에게도 판단을 받지 아니하느니라"(고전 2:15), 그리고 고린도후서 4장의 말씀, "우리가 같은 믿음의 마음을 가졌느니라"(고후 4:13)라는 바울의 가르침들은 어떻게 됩니까? 그렇다면, 왜 우리가, 믿지 않는 교황이 하듯이, 신앙과 일치하는 것과 일치하지 않는 것을 감지하면 안 되겠습니까?

우리는 이 구절과 또 다른 많은 구절의 권위에 근거하여 담대하고 자유롭게 되어야 합니다. 자유롭게 하시는 성령(바울이 그분을 일컫듯이(고후 3:17))이, 교황이 만들어 낸 것에 의해 제어되어 다가오지 못하도록 만들어서는 안 됩니다. 오히려 우리는 담대하게 앞으로 행진해야 하고, 성경에 대한 우리의 믿음에 근거한 이해를 통해서 그들이 행하는 모든 것을 시험하거나 팽개쳐야 합니다. 우리는 그들이 자신들의 해석이 아니라 더 나은 해석을 따르도록 해야 합니다. 오래전에 아브라함은 사라의 말을 따라야 했습니다. 비록 그녀는 우리가 이 세상의 어떤 누구에게 매여 있는 것보다 더 철저하게 그에게 매여 있었지만 말입니다(창 21:12). 또한 발람의 나귀는 그 예언자 자신보다도 더 지혜로웠습니다(민 22:21-35). 그때 하나님께서 한 예언자에 맞서 한 마리 나귀를 통해 말씀하셨다면, 오늘날에 왜 그분께서 교황을 거슬러서 의로운 사람을 통하여 말씀하실 수 없겠습니까? 이와 비슷하게 갈라디아서 2장에서 성 바울은, 성 베드로가 범한 오류에 대해 책망하고 있습니다(갈 2:11-12). 그러므로 믿음이라는 대의를 옹호하고, 그것을 이해하고 지키며, 모든 오류를 고발하는 것은 그리스도인 모두의 과제입니다.

세 번째 장벽

세 번째 장벽은 처음 두 개가 와해되면 저절로 무너집니다. 교황이 성경을 거슬러서 행동할 때, 성경에 의거해서 그를 질책하고, 또 그리스도의 다음과 같은 명에 따라서 그를 제한시키는 것은 우리가 해야 할 일입니다. "네 형제가 죄를 범하거든 가서 너와 그 사람과만 상대하여 권고하라 만일 듣지 않거든 한두 사람을 데리고 가라 만일 그들의 말도 듣지 않거든 교회에 말하고 교회의 말도 듣지 않거든 이방인과 세리와 같이 여기라"(마 18:15-17). 여기서 교회의 모든 구성원은 다른 지체들을 돌보아야 한다고 명해집니다. 그렇다면, 교회를 다스리는 책임을 맡고 있는 구성원이 악을 행할 때, 그리고 그의 악행에 의해서 많은 해가 일어나고 다른 사람들을 거스를 때, 우리는 얼마나 더 그렇게 행해야 하겠습니까! 만약 제가 교회 앞에서 그를 고발한다면, 저는 당연히 교회를 소집해야 합니다.

  교황 지상주의자들은 교황만이 공의회를 소집하거나 확정할 권한을 가진다는 그들의 주장에 있어서 성경에 근거를 두고 있지 않습니다. 이것은 그저 그들의 결정일 뿐입니다. 이것은 온 세상의 그리스도인들에게 해가 되지 않고 하나님의 법에 위배되지 않는 한에서만 유효합니다. 교황이 벌을 받을 만할 때, 이 결정은 더 이상 존재하지 않습니다. 왜냐하면 공의회의 권한에 의해서 그를 벌하지 않는 것은 온 세상의 그리스도인들에게 해롭기 때문입니다.

  따라서 사도행전 15장에서 우리가 읽는 것은, 사도들의 회의를 소집했던 것은 성 베드로가 아니고 사도들 모두와 장로들이었다는 것입니다. 만약 그 권한이 오직 성 베드로에게만 속했다면, 그 공의회는 그리스도교 공의회가 아닌, 다만 이단적인 집회(conciliabulum)에 불과했을 것입니다. 모든 공의회들 가운데 가장 유명한 325년의 니케아 공의회도 로마의 주교에 의해서 소환되거나 승인되었던 것이 아니고, 콘스탄티누스(Constantinus, 재위 306-337) 황제에 의해서 소집되었습니다. 그 황제에 이어 다른 많은 황제들도 같은 방식을 행했으며, 그렇다 하더라도 그런 공의회들은 모든 공의회들 가운데 가장 그리스도교적이었을 것입니다.[7] 교황만이 공의회를 소집할 권한을 가진다면, 모든 공의회는 다 이단적으로 되었을 것입니다. 게다가 제가 교황이 소환했던 공의회들을 검토한 결과, 저는 그것들이 어떤 특별한 중요성을 지니지 않았음을 알게 되었습니다.

그러므로 필요가 생길 때, 또한 교황이 전 세계 그리스도인들에 대한 범법행위의 원인이 될 때, 전체 교회의 참된 구성원으로서 가장 적합한 사람이 참으로 거침없는 공의회를 열기 위해 그 자신이 할 수 있는 것을 행해야만 합니다. 세속 권력만큼 이런 일을 잘 할 수 있는 사람이 없습니다. 특별히 그 이유는, 그들 모두가 동료 그리스도인이고 동료 사제이며 영적 지위에 있는 동료 지체이고 모든 것을 다스리는 동료 주인이기 때문입니다. 필요한 경우나 상황을 유익하게 할 때마다, 그들은 모든 이에 대해 자신들이 하나님으로부터 받은 직무와 일을 행사해야 합니다. 만약 한 도시에 화재가 발생하여 모든 사람이 그저 방관하며 서 있고 그리하여 불이 계속 타올라 태울 수 있는 모든 것을 태워버린다면, 그런 것이 그 누구도 시장의 권위를 지니고

---

7. 여기서 루터는 기독교 발생 초기에 열린 4개의 에큐메니칼 공의회를 가리킨다. 곧 니케아 공의회(325년), 콘스탄티노플 공의회(381년), 에베소 공의회(431년), 칼케돈 공의회(451년)이다.

있지 않기 때문에, 또는 아마도 그 화재가 시장의 집에서 발생했기 때문에 당연한 결과가 아니겠습니까? 그런 상황 안에서 다른 사람들을 각성시키고 소집하는 것은 모든 시민의 의무가 아니겠습니까? 그리스도의 영적인 도시 안에서 범죄의 화재가 발생할 때, 그것이 교황청에서든지 또는 다른 어떤 곳에서든지 상관없이 그러한 일은 얼마나 더 많이 행해져야만 하겠습니까! 적이 도시를 공격하더라도 동일한 것이 요구된다고 하겠습니다. 처음으로 다른 사람들을 각성시켰던 사람은 영광과 감사를 받을 만합니다. 그렇다면 지옥으로부터 온 적의 존재를 알도록 하여 그리스도인들을 각성시키고 불러 모으는 사람은 왜 영광을 받을 만하지 않겠습니까?

감히 반대될 수 없는 권위를 자랑하는 것은 모두 전혀 문제가 되지 않습니다. 온 세상의 그리스도인들 안에서 그 누구도 피해를 줄 권리도, 또한 피해에 대한 저항을 금지할 권리도 지니고 있지 않습니다. 교회 안에는 선을 촉진하는 일을 제외하고는 어떤 권위도 존재하지 않습니다. 그러므로 만약 교황이 자유로운 공의회의 소집을 금지하기 위해서 그의 권위를 사용하면서 그것에 의해서 교회의 개선을 막는다면, 우리는 교황도 그의 권위도 개의치 말아야 합니다. 만약 그가 파문을 포고하고 맹렬히 비난을 퍼부어도, 우리는 그의 행위를 미친 사람의 것인 듯이 무시해야 합니다. 그에 반하여, 우리가 완전히 하나님을 의지하면서 그를 파문해야 하고, 또 우리가 할 수 있는 한 최선으로 그를 몰아내야 합니다. 그가 내세우는 주제 넘는 권한은 아무것도 아니고, 사실 그런 것을 지니고 있지도 않습니다. 그는 성경의 한 본문에 의해 단번에 무너집니다. 사도 바울은 고린도교인들에게 이렇게 말합니다. "주께서 주신 권세는 너희를 무너뜨리려고 하신 것이 아니요 세우려고 하신 것이다"(고후 10:8). 누가 이 본문을 안중에 두지 않으려고 합니까? 그리스도교 국가를 구축하고 이바지하는 데에 저항하는 것은 바로 악마와 적그리스도의 세력입니다. 그러므로 우리는 그것을 따라서는 안 됩니다. 오히려 우리의 생명과 특성과 우리가 가진 모든 힘을 다해서 그것에 반대해야 합니다.

비록 어떤 기적이 교황을 대신하여 세속적 권위에 대항할지라도, 또는 누가 전염병에 의해 넘어뜨려질 때—때로 그런 것이 발생했다고 그들은 자랑합니다—그런 것은 아무것도 아닌 것으로, 다만 하나님께 대한 우리의 신앙을 파괴하기 위해 고안된 악마의 행위로 간주해야만 합니다.

그리스도께서는 이것을 마태복음 24장에서 예언하셨습니다. "거짓 그리스도들과 거짓 선지자들이 일어나 큰 표적과 기사를 보여 할 수만 있으면 택하신 자들도 미혹하리라"(마 24:24). 또한 사도 바울은 데살로니가후서 2장에서, 적그리스도는 사탄의 능력을 통하여 거짓 기적들 안에서 강력하리라고 말합니다(살후 2:9).

그러므로 다음의 것을 굳게 지키도록 합시다. 그리스도교적 권위는 그리스도에 대항해서 어떤 것도 할 수 없습니다. 성 바울도, "우리는 그리스도를 거슬러 아무 것도 할 수 없고 오직 그리스도를 위할 뿐이다"(고후 13:8)라고 말합니다. 그러나 만약 권위가 그리스도에 대항하여 어떤 것을 한다면, 비록 그것이 우리를 기적들과 역병들로 가득 채울지라도, 그때 그 권위는 적그리스도와 악마의 권세입니다. 이적들과 역병은 특별히 악한 지금의 때에는 아무것도 아닌 것으로 드러납니다. 성경 전체가 그런 거짓된 이적들을 예언합니다. 이것이 바로 우리가 확고한 믿음으로 하나님의 말씀을 굳게 지켜야만 하는 이유입니다. 그럴 때 악마는 곧 자신이 행하는 이적들을 중단할 것입니다!

이것과 함께 저는, 교황 지상주의자들이 오랫동안 우리를 겁주고 우리의 양심을 무디게 만든, 모든 사악하고 기만하는 두려움이 극복되기를, 그리고 그들도 우리 모두와 마찬가지로 그 세속 권력의 칼에 복종하기를 희망합니다. 그들은 지식도 없이 그저 권위에 의해서 성경을 해석할 권리를 지니고 있지 않습니다. 그들은 공의회를 막을 권한도 없고, 더 나쁘게 자신들의 변덕에 따라서 그것을 약속하거나 그것에 대해 조건을 부과하거나 그것으로부터 자유를 박탈할 권한도 없습니다. 그들이 그렇게 행할 때, 그들은 실제로 적그리스도와 악마와의 친교 가운데 있습니다. 그들은 그리스도의 이름만을 내걸 뿐, 그리스도와는 전혀 관계가 없습니다.

공의회에서 다루어져야 할 문제들

우리는 이제 공의회에서 적절하게 다루어져야 할 문제들을 살펴보겠습니다. 교황과 추기경, 주교와 모든 신학자들은, 그들이 그리스도와 그분의 교회를 사랑한다면, 제대로 그 문제들에 밤낮없이 전념해야 합니다. 그러나 실제로 이렇게 되지 않는다면, 평신도들과 세속의 권력들이 교황의 파문과 맹렬한 비난에 개의치 말고 그것을 해야 합니다. 왜냐하면 한 번의 불의한 파문이 열 번의 의로운 면죄 선언보다 낫고, 또한 한 번의 불의하고 부적절한 면죄 선

언이 열 번의 의로운 파문보다 더 나쁘기 때문입니다.[8]

그러므로 친애하는 독일인들이시여, 각성하여 사람보다 더 하나님을 두려워합시다. 우리가 그 모든 불쌍한 영혼들의 운명과 같은 것을 겪지 않도록 말입니다. 그 영혼들은 너무나 애처롭게도 교황 지상주의자들의 뻔뻔하고 사악한 규정을 통하여 길을 잃어버렸습니다. 만약 그런 것이 가능하다면, 만약 그와 같이 지독하게 끔찍한 체제가 더 악화되어 간다면, 악마는 날마다 더 강해져 갈 것입니다. 저는 그런 것을 상상할 수도 믿을 수도 없습니다.

온 세상 그리스도인들의 수장이자 그리스도의 대리자이고 성 베드로의 후계자임을 자랑하는 그가 계속하여 너무나도 세속적이고 호사스러운 방식으로 행세를 함에 따라, 어떤 왕이나 황제도 그와 동등하거나 비슷할 수 없음을 본다는 것은 끔찍하고 충격적입니다. 그는 "가장 거룩한 이", 또한 "가장 영적인 이"라는 호칭을 주장합니다만, 그는 세상 자체보다도 더 세상적입니다. 가장 높은 군주들도 한 겹으로 된 왕관을 쓰는 반면, 그는 삼중관을 씁니다. 만약

---

8. 성직자들을 비롯한 교회의 공식적 위계가 마땅한 의무를 등한시하거나 공의회를 소집하지 않을 경우, 세속 군주들과 일반 기독교인들은 교회의 공적인 위계에 의한 금지령에도 불구하고 직접 그러한 문제들을 다루어야 한다는 것을 설명하고 있다. 여기서 루터는 로마 교황청만이 공의회를 소집할 수 있다는 관념에 반대하고 있다.

그것이 그리스도와 성 베드로의 가난과 같은 것이라면, 그것은 새롭고 이상한 유사성을 지닌 종류입니다! 어떤 이가 교황에 맞서 말을 할 때, 교황 지상주의자들은 "이단이군!"이라고 비난합니다. 그들은 그 모든 것이 얼마나 비그리스도교적이고 경건하지 못한 것인지를 듣기를 거부합니다. 제가 생각하기에, 만약 교황이 눈물로 하나님께 기도하고자 한다면, 그는 그가 쓴 삼중관을 치워놓아야 할 것입니다. 왜냐하면 우리가 예배하는 하나님은 오만함을 견디실 수가 없기 때문입니다. 사실상 교황의 직무는 다른 것이 아니고, 다만 온 세상의 그리스도인들을 위하여 눈물을 흘리고 기도하는 일이며 또한 완전한 겸손의 모범을 보이는 일입니다.

그러할진대, 이런 종류의 호사스러움은 역겹습니다. 따라서 교황은 자신의 구원을 위하여 그것을 제쳐 놓을 필요가 있습니다. 이런 것은, 성 바울이 "악은 어떤 모양이라도 버리라"(살전 5:22)라고 말할 때에 가리키고 있는 종류에 속하는 것이기 때문입니다. 또한 바울은 이렇게도 말합니다. "우리는 주 앞에서뿐 아니라 사람 앞에서도 선한 일에 조심하여야 한다"(고후 8:21). 보통 주교가 의식 때 쓰는 모자가 교황에게도 충분히 합당할 것입니다. 그가 다른 동료들보다 위에 있어야 하는 것은 지혜와 거룩함에 있어서입니다. 그는 오만의 그 왕관을, 그의 선임자들이 오래전에 했듯이, 적그리스도에게 맡겨야 합니다.

 교황 지상주의자들은 교황이 지상의 주님이라고 말합니다. 이는 거짓된 말입니다! 왜냐하면 교황은 자신이 그리스도의 대리자라고 주장하는데, 바로 그리스도께서는 빌라도에게 말씀하시기를, "내 나라는 이 세상에 속한 것이 아니니라"(요 18:36)라고 하셨습니다. 어떤 대리자의 다스림도 그의 주님의 다스림을 벗어나서 갈 수 없습니다. 게다가 그는 영광스럽게 되신 그리스도의 대리자가 아니라 십자가에 못 박히신 그리스도의 대리자입니다. 사도 바울이 이렇게 말한 바와 같습니다. "내가 너희 중에서 예수 그리스도와 그가 십자가에 못 박히신 것 외에는 아무 것도 알지 아니하기로 작정하였음이라"(고전 2:2). 또한 그는 빌립보서 2장에서 이렇게 말합니다. "너희 안에 이 마음을 품으라 곧 그리스도 예수의 마음이니…그분은 자기를 비워 종의 형체를 가지셨다"(빌 2:5-7). 고린도전서 1장에서도 바울은 이렇게 말합니다. "우리는 십자가에 못 박힌 그리스도를 전한다"(고전 1:23). 오늘날 교황 지상주의자들은 교황을 영광스럽게 되신 천상의 그리스도의 대리자로 만듭니다.

그리고 그들 중 어떤 이들은 악마가 자신들을 아주 완벽하게 지배하도록 만들어서 주장하기를, 교황이 하늘의 천사들보다도 더 위에 있고 그리하여 천사들이 그의 명령하에 있다고 합니다. 이런 것은 분명히 진짜 적그리스도의 고유한 활동입니다.

추기경이라고 불리는 사람들은 그리스도교계에 무슨 목적으로 있습니까? 제가 여러분께 말씀드리겠습니다. 이탈리아와 독일에는 많은 부유한 수도원들, 재단들, 봉토와 교회의 수입들이 있답니다. 이런 모든 것들을 로마로 가져오도록 하기 위해, 그들에게 있어서 추기경이라는 자리를 고안하는 것보다 더 나은 방법이 없었습니다. 그리하여 추기경들에게 그들이 마음대로 할 수 있도록 주교 관할권과 수도원들과 고위 성직자 관할권이 주어졌습니다. 그렇게 하여 하나님께 대한 예배가 무너지게 되었습니다. 오늘날 우리는 이탈리아가 거의 황무지라는 것을 볼 수 있습니다. 수도원들은 파산되고 주교직은 훼손되었으며, 모든 교회들의 수입과 고위 성직들은 로마로 끌어들여집니다. 도시들은 퇴락했고, 농촌 지역과 사람들이 엉망이 되었습니다. 왜냐하면 더 이상 하나님에 대한 예배가 없고, 또 하나님의 말씀도 설교되지 않기 때문입니다. 왜 그렇겠습니까?

왜냐하면 추기경들이 모든 부를 차지하기 때문입니다. 어떤 이슬람교도들도 이탈리아를 그토록 황폐화할 수 없었고, 하나님께 대한 예배를 그렇게 성공적으로 억누를 수가 없었습니다!

이제 이탈리아의 단물은 다 빨아먹었고, 교황 지상주의자들은 독일로 향하고 있습니다. 그들의 시작은 점잖았습니다. 그러나 우리의 눈을 크게 뜨고 지켜보도록 합시다! 독일도 곧 이탈리아와 비슷하게 될 것입니다. 우리에게는 이미 몇 명의 추기경들이 있습니다. "술에 취한 독일인들"[9]은 그들 가운데 주교직 한 자리도, 수도원 하나도, 교회의 수입과 봉토도, 동전 한 푼까지도 남아 있지 않을 때까지, 교황 지상주의자들이 어떤 사람들인지를 이해하지 못합니다. 이미 예언된 바 있듯이, 적그리스도는 지상의 보화들을 장악해야 합니다(단 11:39, 43). 실상은 다음과 같습니다. 그들은 주교직들, 수도원들, 교회의 수입들로부터 좋은 것들을 취합니다. 그러고서는 그들이 이미 이탈리아에서 했듯이, 아직 그런 것들을 모두 수치스럽게 사용하는 것을 감행하지 않고 있기 때문에, 그럭저럭하는 동안에 그들의 거룩한 교활함을 발휘하여 그것들과 10명 또는 20명의 고위 성직

---

9. 이전에 종종 이탈리아인들은 독일인들에게 이 말을 적용했다.

자들을 결합시켜 놓습니다. 그런 다음 그들은 매년 약간의 몫을 떼어 내어, 결국은 상당한 액수의 수입을 올릴 수 있도록 합니다. 뷔르츠부르크의 수도원은 일천 굴덴을 넘기고 있고, 밤베르크의 수도원 또한 일정량을 내고 있으며, 마인츠와 트리어의 수도원들과 다른 곳들도 마찬가지입니다. 이런 방식으로 일천 굴덴 또는 일만 굴덴이 거두어지고, 그리하여 추기경은 부유한 군주와도 같이 로마에서 살 수 있습니다.

우리가[10] 이런 수입을 올린 후에는, 하루에도 30명 내지 40명의 추기경들을 임명할 수 있습니다. 우리는 그들 중 한 명에게 밤베르크 근처에 있는 성 미카엘 산의 수도원을 뷔르츠부르크의 주교 관할권과 함께 줄 것입니다. 또한 교회들과 도시들이 궁핍해질 때까지 추기경들에게 몇 명의 부유한 고위 성직자들을 붙여줄 것입니다. 그런 다음 우리는 이렇게 말할 것입니다. "우리는 그리스도의 대리자이며 그리스도의 양들의 목자이다. 어리석고 술에 취한 독일인들은 그저 그것을 참고 견뎌야 하리라."

저의 충고는 보다 적은 수의 추기경을 세우거나 또는 교

---

10. 루터는 여기서의 말들을 교황 지상주의자들의 입술에 올리고 있다. 그리하여 "그들"에서 "우리"로 주체가 바뀌고 있다.

황으로 하여금 그 자신의 돈으로 추기경을 지원하도록 하자는 것입니다. 12명의 추기경이면 충분할 것이고, 각 추기경은 연간 일천 굴덴의 수입을 가질 수 있을 것입니다. 어째서 우리 독일인들이 교황 때문에 그런 강도질과 재화의 착취를 견뎌야만 합니까? 프랑스 왕국이 그런 것을 막았다면, 왜 우리 독일인들이 그자들로 하여금 우리를 바보로 취급하도록 내버려 두고 있습니까? 만약 그들이 단지 우리의 자산을 훔치는 것이라면, 우리는 이 모든 것을 참을 수 있습니다. 그러나 그들은 그런 일을 함으로써 교회들을 황폐하게 하고, 교회의 참된 목자들로부터 그리스도의 양들을 빼앗아 가며, 또한 하나님께 대한 예배와 그분의 말씀을 짓밟습니다. 단 한 명의 추기경도 없더라도 교회는 멸망하지 않을 것입니다. 왜냐하면 그들은 그리스도교계의 선을 위해 아무것도 하는 일이 없기 때문입니다. 그들은 오직 주교들과 고위 성직자들의 돈에만 관심이 있고, 도둑들이 그러하듯이 그 문제들을 두고 다투고 있습니다.

만약 교황청의 99%가 철폐되고 오직 1%만이 남더라도, 그 기관은 여전히 신앙 문제에 있어서 답을 내리기에 충분할 정도로 큽니다. 그러나 오늘날 로마로 불리는 그곳에는 수많은 기생충 떼가 있어서 그들 모두는 자신들이 교황에 속한다는 것을 자랑하고 있으며, 그래서 바벨론 제국조차도 그와 비슷한 이들을 발견하지 못할 정도입니다. 교황의 비서들만 해도 3,000명이 넘습니다. 누가 그곳의 다른 직무자들을 셀 수 있겠습니까? 너무나 많은 직위들이 있어서 누구도 그것들을 헤아리기가 힘듭니다. 이리들이 양들을 노리며 잠복해 있듯이, 이 사람들 모두는 독일로부터 오는 기부금과 교회수입을 기다리는 사람들입니다. 제가 생각하기에, 독일은 지금 로마의 교황에게, 고대 때 그들이 황제들에게 바치곤 하던 것보다 훨씬 더 많은 것을 바치고 있습니다. 사실 어떤 이들은, 독일에서 로마로 가는 액수가 연간 30만 굴덴 이상 될 것으로 추산했습니다. 이 돈은 어떤 목적에도 기여하지 않습니다. 그것을 바치고 우리가 얻는 것이라곤 그저 조롱과 멸시입니다. 우리는 여전히 왜 제후들과 귀족들, 도시와 농촌에 사는 백성들이 점점 더 가난해지는지를, 그리고 기부금이 줄어드는지를 계속해서 의아해합니다. 우리는 먹을 것이 우리에게 남아 있다는 것에 놀라워해야 할 지경입니다!

우리가 이제 논의의 핵심에 이르렀으므로, 잠시 멈추어서 독일인들이 교황 지상주의자들의 교활한 행위들을 알지 못하거나 이해하지 못할 정도로 둔한 바보가 아님을 기억합시다. 저는 지금 하나님의 계명과 그리스도교적 법이 로마에서 멸시된다고 항의하는 것이 아닙니다. 왜냐하면 그리스도교계의 상태가, 특히 로마의 상태가 그렇기 때문에 우리는 현재 그런 수준이 높은 문제들에 관해서 항의할 수가 없습니다. 또한 저는 자연법이나 세속법, 심지어는 이성적 이치까지도 아무 쓸모가 없다고 항의하는 것도 아닙니다. 저의 항의는 그런 것보다 더 깊은 곳까지 갑니다. 제가 항의하는 것은, 교황 지상주의자들이 그들 자신이 고안해 낸 교회법을 준수하지 않는다는 것입니다. 비록 그 법이 사실상 법이라기보다는 그저 폭압이고 탐욕이며 세속적 허식이지만 말입니다. 제가 이제 그것을 여러분께 보여드리겠습니다.

오래전에는 독일 황제들과 제후들이 독일의 모든 교회 수입으로부터 성직 취임세[성직자가 성직 취임 후 얻는 첫해의 수입을 교황에게 바치는 세금]를 교황이 받도록 허용했습니다. 이 액수는 모든 개별적 성직록[교회가 성직자에게 부여하는 물질적인 직봉]이 거두는 첫해 수입의 2분의 1에 해당합니다. 그러나 이 막대한 규모의 돈에 의해서 교황이 기금을 모아 그리스도교계를 수호함에 있어서 이슬람교도와 신앙심 없는 이들에 맞서 싸울 수 있도록 그래서 전쟁의 부담이 너무 무겁게 귀족들을 압박하지 않을 수 있도록 허용되었습니다. 성직자들도 이 목적을 위해 어느 정도 기여를 했습니다. 교황들은 지금까지 독일 민족의 그 훌륭하면서 순박한 헌신을 이용해 왔습니다. 그들은 100년이 넘는 기간 동안 이 돈을 받아왔고, 이제 그것을 의무적인 세와 공물로 만들어 버렸습니다.[11] 그러나 그들은 돈을 축적해 놓지도 않았을 뿐만 아니라, 그 돈을 로마 교황청의 수많은 직위와 직책들을 부여하는 데에, 또한 이 직책들에 대한 봉급을 주는 데에 사용해 왔습니다. 마치 그 성직 취임세가 고정된 임차료이기라도 한 듯이 말입니다.

그들이 이슬람교도와 싸우려고 한다고 거짓으로 주장할 때, 그들은 돈을 모으려고 특사들을 보냅니다. 그들은 종종 이슬람교도와 싸운다는 동일한 구실로 면벌부를 발행하기도 합니다. 그들은, 멍청한 독일인들은 항상 잘 속아 넘어가는 어리석은 바보들이고, 그래서 자기들에게 자신들의 이루 말할 수 없는 탐욕을 채워 줄 돈을 계속 건네줄 것이라고 생각합니다. 성직 취임세나 면벌부 돈이나 모든 다른 돈의 한 푼도 이슬람교도와 싸우는 데에 쓰이지 않는다는

---

11. 교회에게 내는 성직 취임세 의무는 1319년, 교황 요한 22세(Papa Giovanni XXII)에 의해 설정되었다.

것을 모두가 알고 있다는 사실에도 불구하고, 그들은 이렇게 하는 것입니다. 그것은 모두 밑 빠진 독으로 들어갑니다. 그들은 거짓말하고 속입니다. 그들은 법을 만들고 또 우리와 합의서를 만들지만, 그것들의 단 한 글자도 준수하려고 하지 않습니다. 그럼에도 이 모든 것은 그리스도와 성 베드로의 거룩한 이름 안에서 행해집니다.

이제 이 문제에 있어서 독일 국가와 독일 주교와 제후들이, 그들 또한 그리스도교인들임을 고려해야만 합니다. 그들은 세속적이고 영적인 문제들에 있어서 그들에게 맡겨진 국민을 다스려야 하고, 또한 그들의 목자요 통치자들인 양 하면서 순한 양의 옷을 입은 그 탐욕스러운 이리들로부터 그들을 보호해야 합니다. 성직 취임세들이 너무나 지독하게 남용되어 왔고, 또한 애초에 합의된 목적을 위해서도 비축되지 않았기 때문에, 독일의 주교들과 제후들은 나라의 땅과 국민들이 그토록 무자비하게 강탈당하고 모든 법에 반해서 파멸되도록 허락하지 말아야 합니다. 황제나 국가 전체의 결정에 의해서 성직 취임세가 여기 독일에서 비축되든지, 아니면 모두 철폐되어야 합니다. 교황 지상주의자들이 자신들의 합의문을 지키지 않기 때문에, 그들은 성직 취임세에 대한 어떤 권리도 없습니다. 그러므로 주교와 제후들은 법이 요구하는 대로, 그런 도둑질과 강도질을 벌하고, 또한 예방하는 것에도 책임이 있습니다.

그런 문제에 있어서 독일의 주교와 제후들은 교황을 도와야만 하고, 또한 그의 역할을 강화해야 합니다. 아마도 그는 너무 약해서 그런 남용을 혼자서 막을 수가 없습니다. 아니면, 교황이 이런 상황을 옹호하고 유지하기를 원하는 경우에서는, 독일의 주교와 제후들은 그에 저항해야 하고 또 그로부터 그들 자신을, 그들이 이리나 폭군으로부터 하듯이 보호해야 합니다. 왜냐하면 그는 악을 행하거나 악을 위해서 싸울 권리가 없기 때문입니다. 이슬람교도와 싸우기 위해서 그런 기금을 모으는 것이 언제나 바람직스러울지라도, 우리는 적어도, 독일이 교황보다는 이 기금에 대한 더 나은 관리자가 될 수 있음을 보는 충분한 안목을 가져야 합니다. 독일은 그 자체로 이용 가능한 돈이 있다면 전쟁을 벌일 넉넉한 국민을 가지고 있습니다. 교황 지상주의자들로부터의 다른 많은 부당한 요구들과 성직 취임세는 마찬가지 성질의 것들입니다.

또한 다음 문제가 있습니다. 일 년 한 해는 교황 그리고 지도적 자리에 있는 주교들과 사제단 가운데서 분할되어, 교황은 한 해의 여섯 달 동안 (격월로) 자신이 맡은 해당 달에 자리가 공석이 된, 성직록을 받는 성직을 수여합니다. 이 방식 안에서 가장 좋은 성직, 특별히 최고의 대우를 받는 성직들은 거의 대부분 교황의 수중으로 들어갔습니다. 그 자리들이 로마의 수중으로 일단 떨어지게 되면, 그 자리는 결코 그 영향력으로부터 벗어나지 않게 됩니다. 교황의 달에 공석이 다시 생기지 않더라도 말입니다. 이런 식으로 사제단은 기만을 당합니다. 이것은 명백한 강도질이며 그 의도란 아무것도 빠져나가도록 하지 않겠다는 것입니다. 그러므로 이제 때가 무르익어 "교황의 달(the Pope's months)"이 모두 폐지될 때가 왔습니다. 이 수법을 통해 로마가 가져갔던 모든 것들은 다시 복구되어야 합니다. 제후와 귀족들은 강탈된 재산의 배상을 위해 조치를 취해야 하고, 도둑들을 벌해야 하며, 또한 그런 특권을 남용했던 자들로부터 특혜를 박탈해야 합니다. 교황이 선출된 후 즉시, 그가 교황청 법원에서 규정과 법을 제정하는 것이 법적 구속력이 있고 합법적이라면, 카를 황제에게도 그의 왕위 대관식 후 바로, 독일 내에서 성직록을 받거나 더한 특별 혜택을 받는 성직이 더 이상 "교황의 달"에 의해서 로마의 수중으로 들어가지 않도록 하는 원칙과 법을 세우는 일이 훨씬 더 합법하도록 해야 합니다.[12] 교황청 법원에 의해 우리가 기부금을 주는 사제단과 특별 성직들이 우리로부터 강탈되고 있답니다. 교황은 그렇게 행할 권리를 절대적으로 지니고 있지 않습니다. 이미 로마의 수중으로 들어간 특혜를 받는 성직들은 그 강도들로부터 회복되고 상환되어야 합니다. 카를 5세는 통치자로서의 권한에 의해 이렇게 행할 권리를 갖습니다.

그러나 오늘날 탐욕과 강도질을 일삼는 교황청 사람들은 모든 성직록 성직들이 "교황의 달"이라는 장치를 통해 하나씩 하나씩 그곳 수중으로 들어올 때까지 그 시간을 기다릴 인내심도 갖고 있지 않답니다. 오히려 가능한 한 빠르게 그 모두를 장악하고자 하는 만족할 줄 모르는 욕망에 의해 교황청 사람들은 또 하나의 책략을 고안해 냈습니다. "성직 취임세"와 "교황의 달" 이외에도 그 책략에 의해서 유급 성직과 더 특혜를 받는 성직들은 세 가지 방식으로 로마의 차지가 됩니다.

첫째, "아무 구속이 없는" 유급 성직을 지닌 사람이 만약 로마에서 또는 로마로 가는 여행에서 사망하는 경우가 발

---

12. 이 글이 쓰여질 때인 1520년 6월 당시는, 선출된 카를 황제가 아직 대관식을 치르지 않았을 때였다.

생하면, 그의 성직록과 혜택은 영구적으로 교황청의—그것보다 차라리 강도의 권좌라고 불러야 하겠습니다—자산으로 돌아가게 됩니다. 그러나 교황청 사람들은, 전에 결코 우리가 들어보거나 어디에도 기록된 적이 없는 종류의 강도질을 저지르면서도, 이것 때문에 강도들이라고 불리는 것을 원치 않습니다.

둘째, 교황이나 추기경들의 하인에 속하는 사람이 유급 성직을 지니게 되면, 또는 이전에 유급 성직을 지녔던 사람이 이어서 교황이나 추기경의 하인으로 들어가게 되면, 그 사람의 성직록은 영구적으로 교황청의 자산이 됩니다. 그러나 누가 교황과 추기경들의 하인들을 헤아릴 수 있겠습니까? 교황이 나들이 행차하는 경우만 하더라도, 그를 동반하여 노새를 타고 가는 사람들이 삼사천 명이 됩니다. 어떤 황제와 국왕들도 그런 경우가 없답니다! 그리스도와 성 베드로는 걸어서 다녔는데, 그럼으로써 그들의 후계자들이 모든 현란함을 행사할 수 있도록 한 셈이 되어 버렸습니다. 그 외에도 그들의 탐욕은 교묘하게 다른 책략을 고안해서 그것을 조정하고 있습니다. 그렇게 함으로써 로마 바깥에서도 로마에서 하듯이, 많은 사람들이 "교황을 섬기는 사람"이라고 불리게 되었습니다. 이렇게 하는 것에는 유일한 목적이 있습니다. 즉, "교황을 섬기는 사람"이라는 사악한 표현을 그저 사용함으로 인해, 모든 성직록들이 교황청에 들어가 영구히 거기에 묶일 수 있게 하기 위함입니다. 이런 것들은 유해하고 사악한 장치들이지 않습니까? 우리는 이런 것을 알아차려야 합니다! 머지않아 마인츠, 막데부르크, 할버슈타트는 교황청 수중으로 살금살금 미끄러져 가게 될 것이고, 그곳의 추기경들은 상당히 비싼 직위가 될 것입니다! 그런 다음 그자들은 모든 독일 주교들을 추기경으로 만들 것이고, 그렇게 되면 우리에게 남는 것이라곤 아무것도 없을 것입니다.

세 번째 방식은 성직록에 관한 논란이 로마에서 시작되는 경우입니다. 제 견해로는, 이것이야말로 성직록과 모든 특혜가 교황청으로 넘어가는 가장 보편적이고 광범위한 길이라고 여겨집니다. 여기서는 아무런 논란도 없는 경우조차도, 로마에서는 수도 없는 무뢰한들이 논쟁거리를 찾아내어 마음대로 성직록들을 가로채어 갑니다. 그리하여 많은 선량한 사제가 자신의 성직록을 잃게 되거나, 자신의 성직록이 논쟁이 되는 것을 피하기 위해 돈을 지불해야 합니다. 정당하게든지 부당하게든지 다툼을 야기하는 성직록은 영구적으로 교황청의 자산이 되어 버립니다. 하나님께서 옛적에 소돔과 고모라에서 행하셨던 것과 같이, 하늘로부터 불과 유황을 내려 로마가 깊은 구렁으로 침몰한다고 하더라도 놀랄 일이 아닐 것입니다. 교황의 권세가 다름 아닌 그런 역겨운 사악함만을 위해서, 또한 그것을 보호하고 행사하기 위해서 사용된다고 한다면, 그리스도계에 교황이 있어야 할 이유가 무엇입니까? 오, 고귀한 제후들과 영주들이시여, 얼마나 오래도록 당신들은, 먹이를 찾아 날뛰는 그와 같은 늑대들에게 발가벗긴 채로 노출된 당신들의 영토와 백성들을 그대로 방치하실 것입니까?

이런 장치들조차 충분하지가 않았기 때문에, 그들의 탐욕은 갈수록 성급해져서 마침내 그들은 모든 주교직을 움켜잡기를 시작했습니다. 그 고매하신 탐욕은, 주교직이 명목상으로 외국에 있는 경우에도 여하튼 그 기원과 토대는 로마에 있다는 허구를 고안하게 되었습니다. 게다가 주교가 되고자 하는 사람이 그가 걸치게 될 영대[13]를 위해 막대한 액수를 지불하고, 또한 교황을 사적으로 섬기기 위해 엄숙한 선서로 자신을 규제하지 않는 한, 그는 주교로 확정될 수 없습니다. 그 어떤 주교도 감히 교황을 거슬러 행

---

13. 영대는 주교가 예복 위 어깨에 걸치는 띠로서, 4세기 이후부터 주교직 권위의 상징이 되었다.

동할 수 없는 이유가 바로 그런 것입니다. 또한 가장 부유한 주교직 모두가 빚과 파산으로 떨어졌던 이유도 바로 그것입니다. 마인츠 주교직을 위해서는 2만 굴덴을 지불해야 한다고 저는 들었습니다. 그것은 과연 교황 지상주의자들다운 일입니다!

분명히 그들은 오래전에 교회법에서 선포하기를, 영대는 비용 없이 주어져야 하고, 교황의 생활 규모는 감축되며, 성직록을 둘러싼 논쟁은 줄어야 하고, 사제단과 주교들은 자유권을 가져야 한다고 했습니다. 그러나 이 법은 그들에게 이익을 가져다주지 않았습니다. 그래서 그들은 방침을 바꾸어 주교와 사제단으로부터 권한을 모두 앗아가 버렸습니다. 이들은 그 자리에 하찮은 사람인 양 앉아 있을 뿐, 직무도 권한도 역할도 가지고 있지 않습니다. 모든 것은, 심지어 모든 교회의 관리인들과 종치는 사람 일에 이르기까지도, 교황청의 그 대악당들에 의해 통제되고 있습니다. 모든 분쟁은 로마로 이양되고, 모든 이가 교황의 권한을 이용하여 제멋대로 행동합니다.

바로 이번 해에 무슨 일이 발생했습니까? 슈트라스부르크의 주교 빌헬름 3세(Wilhelm III, 재위 1506-1541)가 자신의 관할구를 적절하게 다스리고, 또 전례 부문에서 개혁을 하기를 원했습니다. 이런 전망과 목적으로 그는 경건하고 그리스도교적인 특정 규정들을 세웠습니다. 그러나 우리의 경애하는 친구인 교황과 교황청 사람들이 사제들의 모든 선동에서 그 거룩하고 영적인 규정들을 파괴하고 정죄하였습니다. 이런 것이 그리스도의 양들을 돌보라고 일컬어집니다. 이런 것이 사제들이 자신들의 주교에 맞서서 입지가 강화되는 방식이고, 또 하나님의 법에 대한 그들의 불순종이 보호되는 방식입니다! 제가 희망하기에, 적그리스도 자신은 감히 그렇게 드러내 놓고 하나님을 모욕하려 들지 않을 것입니다. 바로 여기에 여러분들을 위한 교황이 있답니다! 여러분들이 항상 바라던 대로 말입니다! 교황은 어찌하여 이렇게 했습니까? 오호라, 만약 한 교회가 개혁을 하게 되면, 그것은 위험스러운 시발점이 될 것입니다! [만약 그렇게 되면] 교황청도 따라야만 할 것입니다. 그러므로 그들이 볼 때 사제들이 서로서로 잘 지내는 것을 막는 것이 더 나은 것입니다. 이는 바로 오늘날까지 우리가 많이 보아온 것들입니다. 또한 왕들과 제후들도 서로 반목시키는 것이 그들에게 더 유리합니다. 세상을 그리스도인들의 피로 잠기게 하는 것이 더 나은 것이랍니다. 그리스도인들의 일치가 교황청으로 하여금 스스로를 개혁하지 못하도록 말입니다!

지금까지 우리는 어떻게 그자들이 공석이 된 유급 성직을 다루는지에 대해 알아보았습니다. 인정 많은 그 탐욕의 관점에서 볼 때, 그 공석은 너무나 얼마 안 되는 것이랍니다. 그리하여 그자들은 재임자들에 의해 채워진 성직들조차도 매우 유심히 관찰하며 호시탐탐 계속 기회를 노려왔습니다. 비록 그 자리들이 현재 공석이 아니지만, 그렇게 될 수 있도록 말입니다. 이런 것은 몇 가지 방법을 통해 행해졌답니다.

첫째, 그들은 기름진 성직이나 주교 자리가 늙거나 병든 사람에 의해, 또는 장애를 가지고 있다고 말해지는 사람에 의해 보유되고 있는 곳에 숨어서 기다리고 있습니다. 교황청은 이런 종류의 재임자에게 보좌할 조수를 내려보냅니다. 이런 것은 그 재임자의 동의나 감사함도 없이, 그 보좌인의 이득을 위해서 행해집니다. 왜냐하면 그는 교황에 딸린 사람들 중 하나이기 때문입니다. 또는 그 보좌인이 그 자리를 샀거나, 아니면 교황청에 대한 다른 종류의 일에 의해 그 보좌 자리를 얻었기 때문입니다.

둘째, "위탁 성직급"이라는 말이 있습니다. 이는, 교황이 추기경 또는 그의 아랫사람들 가운데 한 사람으로 하여금 부유하고 번창한 수도원에 대한 책임을 맡게 하는 것을 뜻합니다. 이는 마치 제가 누군가에게 일백 굴덴의 돈을 맡고 있으라고 명하는 것과도 같습니다. 이는 수도원을 주는 것, 곧 하사하는 것을 의미하지 않습니다. 또한 그것은 수도원이나 거룩한 예배를 철폐하는 것을 뜻하지도 않습니다. 그것은 매우 간단히 그 수도원을 그의 관리에 둔다는 것을 의미합니다. 그것은 그 수도원을 담당하게 된 사람이 그것을 돌본다거나 발전시킴을 위해서도 아닙니다. 다만 그가 그 재임자를 몰아내고, 생산품과 수입을 받기 위해서고, 또한 어떤 변절했던, 이전에 (합법적인 허락 없이) 그 수도원을 떠났던 수도승이나 다른 종류의 사람들을 앉혀놓기 위해서입니다. 그 사람들은 한 해에 다섯, 또는 여섯 굴덴을 받으면서 교회 안에 죽치고 앉아 순례자들에게 그림이나 형상들을 팝니다. 그래서 그 장소에는 더 이상 기도도 없고, 또한 미사도 봉헌되지 않도록 한답니다. 만약 이런 것이 수도원을 파괴함이고 또 하나님께 대한 예배를 폐기함이라고 불릴 수 있다면, 그때 교황은 그리스도계의 파괴자요 거룩한 예배를 파기하는 자라고 불려야 할 것입니다. 그는 분명히 그것을 잘하고 있습니다! 그러나 이는 교황청에 있어서 거친 말일 것이고, 그래서 그들은 그것을 수도원을 맡는 책임을 "위탁"하는 것으로 지칭해야 합니다. 교황은 한 해에 네 개 또는 그 이상의 수도원을 "위탁"할 수 있고, 하나의 수도원 위탁으로 6천 굴덴 이상의 수입을 얻을 수 있습니다. 이런 것이 바로 교황 지상주의자들이 하나님께 대한 예배를 증가시키고, 수도원들을 유지하는 방법이랍니다! 독일인들까지도 이제 그것을 간파하기 시작했습니다!

셋째, 그들이 "양립할 수 없음(incompatabilia)"이라고 부르는 어떤 유급 성직자의 직책이 있습니다. 그것은 교회법의 규정에 따라, 가령 두 개의 교구 사목이나 두 개의 주교 관할권과 같이 동시에 함께 통합될 수 없는 직무와 관계됩니다. 이런 경우에 있어서, 교황청의 탐욕은 그 자신의 이득을 위해 통합(unio)과 합병(incorporatio)이라고 불리는, 그럴 듯한 구실을 통해서 교회법을 피해 갑니다. 이것은 양립할 수 없는 다수를 교황이 하나의 단일한 개체로 합병시키는 것을 뜻합니다. 그럼으로써 각 개체가 다른 개체의 일부가 되고, 그리하여 그것들 모두가 함께 한 성직의 관할권 지역으로서 간주되기 위함입니다. 그러할 때 그들은 더 이상 "양립할 수 없는 것들"이 아니고, 교회법은 그것에 대해 법적 구속력이 더 이상 없기 때문에 교회법상으로도 하자가 없게 됩니다. 교황이나 성직 적격 심사를 하는 교황청 부서로부터 나온 이 구실을 믿지 않는 사람들을 제외하면 말입니다.

통합도 매우 유사합니다. 교황은 다수의 지역들을 마치 한 묶음의 막대기들처럼 통합시키고, 그리하여 그것들 모두가 하나의 성직이 관할하는 범위로 간주합니다. 현재 로마에는 어떤 교황청 추종자가 있는데, 그는 혼자서 44개의 유급 성직뿐만 아니라 22개의 교구와 7개의 작은 수도원을 맡고 있습니다. 이 모든 것들은, 그것이 교회법에 어긋나는 것이 아니라고 선포하는 그 능수능란한 구실의 도움을 받아 가능합니다. 추기경들과 다른 고위 성직자들이 그것으로부터 얻는 것이 무엇인지는 아무도 짐작할 수 없는 것입니다. 바로 이것이 독일인들이 빈 지갑을 갖게 되고, 또한 기가 꺾이게 되는 방법입니다.

또 하나의 구실은 "관리(administratio)"라고 불립니다. 이것은 한 사람이, 자신의 주교직 이외에도 대수도원장의 관할 구역들과 그 권한 또한 그에 따르는 모든 보수를 합당한 직함도 갖지 않고 보유할 수 있음을 의미합니다. 그는 그저 "관리자"라고 지칭됩니다. 로마 교황청에서, 한 단어나 두 단어에 있어서, 원래의 실재하는 현실을 그대로 남겨둔 채 그 말만 바꾸어버리는 것은 충분히 가능합니다. 이는 마치 우리가 지금 매춘업소를 관리하는 여인을 시장의 부인이라고 부를 수 있다고 가르치는 것과 같습니다. 그 여자는 여전히 이전의 그 여인으로서 남아 있습니다. 이런 종류의 교황청 식의 체제에 관해서 베드로는 베드로후서 2장에서 이미 이렇게 예견하였습니다. "너희 중에도 거짓 선생들이 있으리라 … 그들은 탐심으로써 지어낸 말을 가지고 너희로 이득을 삼으리라"(벧후 2:1, 3).

우리의 훌륭한 교황청 사람들의 탐욕은 또 다른 기술을 고안해 냈습니다. 그들은 유급 성직들을 팔거나 또는 양도하는데, 판매하는 사람이나 양도하는 사람이 그 성직을 되돌려 받을 수 있는 권한을 보유하는 조건에서 그렇게 합니다. 그 경우에, 재임자가 사망하면, 그 성직은 자동으로 그것을 우선 먼저 판매하거나 양도 또는 증여했던 사람에게로 되돌아갑니다. 이런 방식을 통해서 그들은 유급 성직들을 세습되는 자산으로 만들어 왔습니다. 다른 사람은 그 누구도 그 성직들을 소유할 수 없고, 다만 예외는 판매하는 사람이 기꺼이 그 성직을 판매하는 대상이거나 또는 성직을 보유한 사람이 사망 시 그 성직에 대한 권리를 물려받는 사람의 경우입니다. 게다가 많은 이들은 다른 이에게 그저 유급 성직의 직함을 다른 사람에게 양도합니다. 그럼에도 그 직함 보유자는 그 성직으로부터 단 한 푼도 얻지는 못합니다.

또한 오늘날 유급 성직을 한 사람에게 수여하고, 그러면서 동시에 본인은 그 성직의 연간 수입의 한 몫을 받는 것이 하나의 확고한 관행이 되었습니다. 이것은 성직매매(simony)라고 지칭되곤 하였습니다. 이런 종류로 다 헤아릴 수도 없는 더 많은 것들이 있습니다. 그자들은 그리스도의 십자가 발치에서 그분의 겉옷을 다루었던 이방 군인들보다도 더 추잡하게 유급 성직들을 취급합니다.

그러나 지금까지 언급되어 온 모든 것은 너무나 오랫동안 계속 실행되고 있기 때문에 로마에서 확고하게 자리를 잡은 관습이 되어 왔습니다. 더 나아가 그들의 탐욕이 고안해 낸 것을 한 가지 더 말해야 합니다. 저는 그것이 그들의 마지막 탐욕이라고 생각하는데, 그리하여 그 탐욕을 다 채우기를 바랍니다. 교황은 "심중 보류(pectoralis reservatio)", 또한 "고유한 의지와 권세(proprius motus)"라고 불리는 고상한 계책을 가지고 있습니다. 이것이 운용되는 방식은 이렇습니다. 한 사람이 로마에 가서 한 유급 성직을 얻는 데에 성공합니다. 그리하여 적절하게 통상적인 방식으로 서명

되고 날인됩니다. 그 뒤 다른 성직 희망자가 나타나서 돈을 가져오거나, 아니면 그는 교황을 섬겼던 사람인데—우리는 여기서 그것이 무엇인지를 언급하지 않겠습니다—이제 교황으로부터 동일한 그 성직을 받기를 갈망합니다. 그럴 때 교황은 그 사람에게 그 성직을 주고 한편으로는 그 전의 사람에게서 그 성직을 빼앗습니다.

만약 어떤 사람이 이런 행위가 올바르지 않다고 항의를 하면, 그때 교황은 자신이 교회법을 명백하게 위배했다고 고발되지 않기 위해서 변명을 찾아내야 합니다. 마침내 그는 말하기를, 자신이 마음속으로 그 특정한 성직을 자신을 위해 유보시켰었다고, 또한 그것을 판매할 온전한 권한을 보유하고 있었다고 합니다. 비록 그가 한 번도 그것을 생각해 본 적도 없고, 또 그것에 대해 들어본 적도 없지만 말입니다. 이런 방식으로 그는 오늘날 통상적인 작은 그럴듯한 구실을 발견해 왔습니다. 그는 교황으로서 거짓말을 할 수 있고 기만할 수도 있으며, 모든 사람을 어리석은 사람과 같이 보이도록 할 수도 있습니다. 그는 이 모든 것을 드러내 놓고, 또한 뻔뻔하게 행합니다. 그럼에도 불구하고 그는 여전히 그리스도계의 수장이 되기를 원합니다. 그러나 그는 명백한 거짓말을 함으로써 악한 영에 의해 다스려집니다.

  교황에 의한 독단적이고 기만적인 유보는 로마에서 이루 다 말할 수 없는 사건들만을 창출할 뿐입니다. 사고팔기, 물물교환과 바꾸어놓기, 장사하기, 술 취함, 거짓말하기와 속이기, 강도질과 훔치기, 사치와 매춘, 부정행위 등 온갖 종류의 하나님께 대한 모독이 자행되고 있습니다. 적그리스도의 통치조차도 그보다 더 가증스러울 수가 없습니다. 베니스나 앤트워프, 카이로는 로마에서 벌어지는 모든 일에 비해서 볼 때 아무것도 아니랍니다. 그 다른 도시들에서는 옳은 것과 합당한 것에 관한 어느 정도의 고려는 여전히 있습니다만, 로마에서는 악마 자신이 그곳을 떠맡고 있습니다. 이런 바다로부터 같은 종류의 문란함이 온 세상으로 흘러 들어가고 있습니다. 그와 같은 사람들이 개혁과 열린 공의회를 두려워하고, 한편 차라리 모든 왕들과 제후들을 적대적으로 세워놓는 것을 더 선호하는 것이 무슨 놀라운 일이겠습니까? 세상이 일치하여 공의회를 소집하지 않도록 말입니다. 그런 악행이 백일하에 드러나는 것을 그 누가 견딜 수 있겠습니까?

  마지막으로, 교황은 그 모든 고상한 장사를 위해서 자신의 상점을 세워놓았답니다. 그것은 바로 로마에 있는, 성직 희망자의 적격 심사를 담당하는 교황청 부서(datarius)입니다. 유급 성직과 그 특혜를 거래하고자 하는 모든 이는 거기에 가야 합니다. 여기서 모든 사람들은 그자들의 그럴듯한 구실들을 믿어야 하고, 장사를 거래해야 하며, 그와 같은 주요한 부정행위를 실행할 권한을 얻어야만 합니다. 과거에는 로마가 그래도 품위가 있었던 때가 있었습니다. 그 당시 사람들은 공정함을 믿어야 했고, 아니면 그것을 돈으로 짓눌러야 했습니다. 그러나 오늘날 로마는 너무나 값비싸졌기 때문에 부정행위를 하도록 아무나 허락하지 않습니다. 부정행위를 하려는 사람은 우선 먼저 그렇게 할 권리를 사야만 합니다. 그런 곳이 상상할 수 있는 모든 매춘굴을 뛰어넘는 장소가 아니라면, 저는 매춘굴이 무엇인지 알 수가 없습니다.

누가 돈이 있다면, 그는 이 기관에서 우리가 막 논의했던 모든 것들을 취득할 수가 있습니다. 참으로 그뿐만이 아니랍니다! 여기서 고리대금업은 정직한 돈이 됩니다. 절도와 강도질에 의해 얻어진 자산을 소유하는 것은 합법적인 것이 됩니다. 여기서 서약은 소멸됩니다. 수도승들에게는 소속된 수도회를 떠날 자유가 주어집니다. 여기서 사제들은 돈을 주고 혼인 생활을 할 수가 있습니다. 사생아들은 여기서 정당화될 수 있습니다. 모든 불명예와 치욕이 영광과 자랑처럼 보여지는 곳이 이곳입니다. 여기서 모든 종류의 부당한 것과 악행은 작위를 받고 귀족의 반열에 오릅니다. 다른 곳에서는 허용되지 않는 금지된 관계의 결혼도 여기서는 허용됩니다.

거기에서 대체 어떤 밀거래와 탈취가 일어나고 있는 것입니까! 교회법은 마치 상당한 액수의 돈을 벌어들이는 목적 하나만을 위해서 제정된 듯이 여겨집니다. 그리스도인이 되려고 하는 사람은 누구든지 그것의 규정으로부터 그 방법을 사야만 합니다. 사실상 여기서 악마는 성자가 되고, 또한 신이 됩니다. 하늘에서든 땅에서든 어떤 다른 곳에서도 행해질 수 없는 것이 이 장소에서는 행해질 수 있습니다. 그자들은 이런 것들을 특별허가금(compositiones)이라고 칭합니다! 더 나은 이름은 혼돈입니다. 그들은 어떤 것도 합해 놓지 않습니다. 다만 모든 것을 다 무너뜨립니다! 이 기관의 부당한 징수와 비교할 때, 라인강 통행세는 들통의 한방울에 지나지 않습니다.

그 누구도 저를 과장한다고 비난해서는 안 됩니다. 이 모든 것은 너무나 드러나 있기에 로마에서조차도 벌어지는 일들의 행태가 모두가 말할 수 있는 것보다 더 역겹고 더 나쁘다는 것을 그들이 인정하지 않을 수가 없습니다. 저는 아직 그자들의 '개인적 악덕들'이라는 지독히 역겨운 수프를 휘젓지 않았습니다. 저는 그렇게 하기를 원하지도 않습니다. 저는 일반적인, 현재의 문제들에 관해서만 말을 합니다만, 여전히 제대로 말로 다 표현할 수가 없습니다. 주교들과 사제들, 또한 무엇보다도 대학의 박사들이 그들이 해야 할 바를 행해야 했고, 합심하여 벌어지는 일들에 대항하여 글을 써야 했으며, 또 부르짖어야 했습니다. 그들이 돈을 받는 이유가 바로 이런 것을 행하도록 하기 위함입니다! 페이지를 넘기면, 즉시 여러분들은 진실을 알게 될 것입니다.

마지막으로 제가 말해야만 할 것이 남아 있습니다. 그자들의 끝이 없는 탐욕은 이 모든 부로도, 다시 말해 큰 권세를 가진 왕 세 명도 흡족해할 만한 그런 부로도 만족할 줄을 모르기 때문에, 그들은 이제 이 거래를 아우크스부르크의 푸거 집안(the Fuggers of Augsburg)[14]에게 넘겨 팔기 시작했습니다. 주교직과 유급 성직들의 거래와 매매와 빌려주기, 그리고 교회 보유자산의 장사가 자리를 잡아 왔습니다. 이

---

14. 이 가문의 사람들은 16세기의 부유한 국제적 은행가들이자 로마 교황청을 위한 은행가들이었다. 그들은 열심이 있는 가톨릭 교황지지자들로서 루터에게 맞서서 에크를 지원했다.

제 영적, 세속적 재산은 하나가 되었습니다. 이 두 방면이 통합된 현재의 장사를 푸거가 다른 누군가에게 양도하거나 팔아먹지 않는다고 할 때, 로마 교황청의 탐욕이 기존의 것보다 더한 어떤 것을 할 수 있는지에 대해 상상할 수 있을 정도로 영리한 누군가를 알면 좋을 것 같습니다. 제가 생각하기에는, 이미 그것이 정말로 한계에 도달했다고 보입니다.

모든 나라들 안에서 그들이 면벌부와 교황의 교서, 고해성사를 위한 허가서[15]와 식품에 관한 허가서[16], 기타 다른 참회와 관련된 허가서[17] 등을 통해 이미 훔쳤던 것들과 아직도 여전히 훔치고 갈취하는 것들로 말하자면, 그 모든 것은 그저 여러 조각들로 이루어진 어떤 것일 뿐입니다. 그것은 지옥에서 사탄과 동전 던지기 놀이를 하는 것과도 같습니다. 그런 것들이 적은 돈을 끌어와서 그렇게 말하는 것이 아닙니다. 왜냐하면 그런 수익금으로는 어떤 강력한 왕도 잘살 수 있을 만하기 때문입니다. 그러나 그런 것들

---

15. 이 허가서는 소지자로 하여금 그 자신의 고해신부를 선택할 자격을 주었고, 또한 고해신부가 어떤 "유보된" 죄로부터 그 사람을 사하여 주도록 권한을 부여했다.
16. 루터는 "Butterbriefe(butter letters)"라는 말을 사용하고 있다. 이것은 사순절 기간에 버터, 치즈, 우유 등을 먹을 수 있도록 허락하는 문서였다. 이 허가서는 모든 종류의 특별 허가인 "Confessionalia"의 한 부분이었다.
17. 여기서 "Confessionalia"라는 말은 넓은 의미에서 사용되고 있으며, 속죄와 관련된 사면을 포함하여 모든 종류의 특별 허가를 뜻한다.

이 모으는 돈은, 위에서 언급된 바 있는 계속 이어지는 돈 줄과 비교할 때 아무것도 아니라는 것입니다. 현재로서는 저는 면벌부를 판 돈이 어디로 갔는지에 대해 아무것도 말하지 않으렵니다. 그것에 관해서는 나중에 보다 자세히 말하겠습니다. 아마도 캄포플로레(Campoflore)[18]와 벨벤데레(Belvindere)[19], 그리고 어떤 다른 장소들은 그에 대해서 어떤 것을 알고 있을 것입니다.

그렇다면, 그런 사악한 지배는 뻔뻔스러운 강도질이고 기만이며 지옥 문의 횡포일 뿐만 아니라, 또한 온 세상의 그리스도교인들의 몸과 영혼에 파괴적이기 때문에, 그런 비참함과 파멸로부터 그리스도교인들을 보호하기 위해 모든 성실한 노력을 기울이는 것이 우리가 해야 할 일입니다. 우리가 회교도들에 맞서 싸우기를 원한다면, 그런 종류로 최악의 사람들이 있는 여기에서 시작합시다. 우리가 도둑들을 교수형에 처하고 강도들을 참수형에 처하는 것이 옳다면, 왜 우리가 교황청의 탐욕을 내버려 두어야 합니

---

18. "The Campo di Flore"는 로마의 한 시장(marketplace)으로서, 교황 에우제니오 4세(Eugene IV, 재위 1431-1447)와 그의 후계자들에 의해 회복되었고 큰 비용을 들여 치장되었다.
19. 이는 바티칸 궁전의 일부를 가리키는 곳으로, 특히 교황 알렉산데르 6세(Alexander VI, 재위 1492-1503)의 연회홀로 악명이 높았다. 이후 교황 율리오 2세(Julius II, 재위 1503-1513)는 그곳을 자신이 소유하던 고대 예술작품을 소장하기 위한 박물관으로 만들었다.

까? 그들은 이 세상에 존재했던 그리고 존재할 수 있는 최악의 도둑이며 강도들이고, 더욱이 모두가 그리스도와 성 베드로의 거룩한 이름으로 그렇게 행하고 있습니다! 누가 그들의 탐욕을 잠시라도 더 견딜 수 있고, 잠자코 있을 수 있습니까? 그 탐욕이 소유하고 있는 거의 모든 것이 도둑질과 강도질에 의해 얻어진 것입니다. 역사책들이 모두 증거하는 바와 같이, 그러하지 않은 적이 없었습니다. 우리가 막 논의했던 금광과 소유영토 수입에 덧붙여서, 교황이 갖는 교회 직위들로부터 얻는 수입이 백만 두캇[ducat, 과거 유럽국가들에서 사용된 금화]에 이를 정도로, 교황이 그토록 광범위한 자산들을 구입한 적이 없었습니다. 그리스도께서도 성 베드로도 그런 것을 그에게 물려주지 않았습니다. 그 누구도 그것을 그에게 주거나 빌려주지 않았습니다. 아주 오래된 권리, 또는 관습 덕분에 그것이 그의 소유가 된 것도 아닙니다. 그렇다면 어떤 원천으로부터 그가 그것을 얻었는지를 제게 말해 주십시오. 그자들이 회교도들에 대항하여 싸우기 위해 사용할 돈을 모으고자 교황특사들을 파견할 때 그들이 말하는 것과 그 후의 그들을 주의 깊게 살피고, 그런 것으로부터 교훈을 배우십시오.

그리스도교의 상태를 개혁하기 위한 스물일곱 가지 제안

제가 비록 이 일들의 끔찍한 상태를 개선하기 위해 무언가를 제안하기에는 너무나 보잘것없는 사람이지만, 그럼에도 불구하고 저는 이 목적을 위해 '바보의 노래'를 부를 것이며, 제가 할 수 있는 한, 세속 권한에 의해서든지 또는 교회 공의회에 의해서든지 무엇을 실천할 수 있고, 또 그렇게 되어야만 하는 것이 무엇인지를 말하고자 합니다.

모든 제후와 귀족, 또한 모든 도시는 그들의 백성이 로마에 성직 취임세를 내는 것을 이제로부터 금지해야 하고, 그 제도를 완전히 철폐해야 합니다. 교황은 합의를 깨고 성직 취임세를 강도질로 만들어 독일 전체에게 손상과 수치를 주었습니다. 그는 자신의 친구들에게 성직들을 주고, 막대한 돈으로 그것들을 팔며, 또한 지위들을 부여하기 위해서 그것들을 이용합니다. 그렇게 함으로써 그는 성직들에 대한 권리를 상실했고, 또한 처벌되어 마땅합니다.

따라서 세속 권력이 무고한 사람들을 보호하고 불의를 방지할 의무를 져야 합니다. 사도 바울도 로마서 13장에서 가르치고 있고, 또한 성 베드로도 베드로전서 2장에서 그렇게 하고 있습니다(벧전 2:14). 교회법조차 제16항, 제7문인 "데 필리스(de filiis) 조항"[20]에서 그렇게 가르치고 있습니다. 그래서 세속권력이 교황과 그 집단에게, "기도하시오(Tu ora)"라고 말하고, 황제와 그의 신하들에게는, "보호하시오(Tu protégé)"라고 말하며, 일반 사람에게는, "일하시오(Tu labora)"라고 말하는 것이 발생하게 됩니다. 이는 모든 사람이 기도해서는 안 되고, 모든 사람이 보호하고 일해서는 안 된다는 것은 아닙니다. 왜냐하면 자신의 일에 성실한 사람은 그가 행하는 모든 것에 있어서 기도하고 보호하며 일하기 때문입니다. 다만 각 사람은 그 자신에게 돌려지는 특수한 일을 가지고 있어야 한다는 뜻입니다.

교황은 로마 가톨릭적 관습들을─위탁, 보좌인, 유보, 예상되는 혜택[21], 교황의 달, 합병, 통합, 연금, 영대, 법원의 규칙, 그리고 기타 그런 종류의 부정행위─통해 자신을 위해 모든 독일 재단들을 권한과 권리도 없으면서 빼앗고, 그것들을 로마에 있는 외국인들에게─그 보상으로 독일을 위해서 하는 일이 아무것도 없는─팔고 있습니다. 또한 교

---

20. 이 조항은, 교회에 유증된 기부금으로부터의 수입이 남용되거나, 주교와 대주교에 대한 항소가 그런 남용을 바로잡기에 실패하는 경우에, 그 상속인들이 황제에게 상고할 수 있다고 규정한다. 루터는 이 원칙을 성직 취임세에 적용하고자 했다.
21. 이 "gratiae expectativae"는 아직 공석이 아닌 특혜제공의 성직들에게 부여되던 약속이었다. 이 관행으로부터 비롯되는 악행들에 대한 항의들이 1416년 이후 지속적으로 나오게 되었다.

황은 지역 주교들로부터 그들의 권리를 빼앗고, 그들을 그저 하찮은 사람이나 멍청이들로 만들어 버립니다. 그렇게 함으로써 그는 그 자신의 교회법이나 일반적 상식과 이성에 거슬러 행동합니다. 이런 이유들 때문에, 유급 성직과 혜택들이 그저 욕심만 있는, 거칠고 배우지 못한 얼간이들과 로마의 무지한 악당들에게 팔리고 있습니다. 반면 독실하고 학식이 있는 사람들은 그들이 지니는 장점과 기술로부터 혜택을 입지 못합니다. 결과적으로 불쌍한 독일 사람들은 유능하고 학식 있는 고위 성직자들 없이 점점 더 나쁜 상황으로 가게 됩니다.

이런 이유 때문에 그리스도인 귀족들은, 이런 폭압으로 멸망해 가는 가련한 영혼들의 구원을 위해서, 온 세상의 그리스도인들의 공통의 적과 파괴자에 대항하듯이 교황에 대항하는 입장을 취해야 합니다. 그리스도인 귀족들은, 더 이상 성직록이 로마의 수중으로 들어가지 않도록, 또한 앞으로는 책임 있는 직책이 어떤 방식으로든지 그곳에서 획득되지 않도록, 오히려 성직들이 폭압적 권세로부터 끌어내어 지고 영향권 밖에서 유지되도록 임명하고, 명령하며, 선포해야 합니다. 귀족들은 지역 주교들에게 그들의 능력을 최대한 발휘하여 독일 내에서의 성직록들을 관리할 권리와 책임을 회복시켜야 합니다. 그리고 로마로부터 추종자가 도착할 때, 그에게는 들어오지 말고 라인강이나 그 근방 강으로 뛰어들라고 하는 엄격한 명령이 내려져야 합니다. 또한 그에게 상쾌한 수영과 함께 가톨릭교회의 인장과 서신으로 된 가톨릭교회의 금지법을 주어야 합니다. 이런 일이 생기면, 그들은 똑바로 앉아서 로마에서 주의하는 자세를 취할 것입니다. 그들은 독일인들이 언제나 둔탁하고 술 취해 있지는 않다고 생각하게 될 것입니다. 그들은 독일인들이 거룩한 그리스도의 이름으로 행해지는 모든 부정행위와 영혼에 대한 파괴를 허용하려 들지 않고, 또 더 이상 조롱당하고 업신여김을 당하지 않는다는 것을 깨달을 것입니다. 그리하여 그들은 독일인들이 사람의 권위보다는 하나님의 영예에 대해 보다 더한 존중을 갖는다는 것을 알게 될 것입니다.

주교의 권위와 모든 고위 성직자의 승인이 앞으로는 로마로부터 허락을 받는 것이 아니도록, 반면 가장 거룩하고 명성 있는 니케아 공의회의 조례가 회복되도록 하는 제국의 법이 반포되어야 합니다. 그 공의회의 조례는 주교가 가장 가까운 지역의 두 주교 또는 대주교에 의해서 승인되도록 선포했습니다. 교황이 이것이나 다른 모든 공의회들의 규정을 깨트린다면, 공의회를 개최하는 것이 무슨 소용이 있겠습니까? 누가 그에게 공의회들의 결정들을 무시하고, 그와 같이 파기하도록 하는 권한을 주었습니까?

이런 것이 허락되면 우리가 차라리 모든 주교와 대주교, 또 수석 대주교를 폐위시키고, 그들을 보통의 교구 주임 사제로 만들어 오직 교황만이 그들의 상관이 되도록—지금도 사실 그러하듯이—하는 것이 나을 것입니다. 교황은 주교와 대주교, 수석 대주교들에게 고유한 권위와 책임을 허락하지 않습니다. 그는 자신을 위해 모든 것을 빼앗고, 그들은 그저 이름과 실속 없는 직위만을 보유하도록 합니다. 교황의 면제에 의해, 심지어 수도원과 수도원장 그리고 고위 성직자들 또한 주교가 행사하는 일반적 권한의 범위에서 제외되도록 지금까지 실행되어 왔습니다. 이리하여 그리스도교계에서 이제 더 이상 어떤 질서도 찾을 수가 없게 되었습니다. 이 모든 것의 불가피한 결과는 이미 발생해 왔던, 느슨한 처벌과 온 세상에 악을 행하도록 하는 허가와 같은 것입니다. 저는 정말로 교황이 "불법의 사람"(살후 2:3)으로 일컬어짐이 적절하게 될까봐 우려가 됩니다. 그리스도교계에서 규율과 처벌, 원칙과 질서가 사라진 것에 있어서 책잡힐 사람이 교황을 제외하고 누가 있겠습니까? 그는 권한을 빼앗음으로써 고위 성직자들의 영향력을 묶어 버리고, 규율을 세우는 그들의 지팡이를 제거해 버립니다. 그는 자신 아래 세워진 모든 사람들에게로 손을 뻗어 그들에게 면제를 주거나 판매합니다.

교황이 자신의 권한을 박탈당하고 있다고 항의하지 않도록 하기 위해서 어떤 특정 경우들, 곧 수석 대주교들이나 대주교들이 소송을 해결할 수 없거나, 그들 사이에서 분쟁이 일어날 때, 그럴 때 그 안건이 교황에게 제시되도록 하고, 그 외의 모든 사소한 것들은 그에게까지 가지 않도록 결정되어야 합니다. 이전에는 이렇게 했고, 바로 이것이 그 유명한 니케아 공의회가 선포했던 방식이었습니다. 교황 없이 해결이 되었던 것은 무엇이든 그렇게 하도록 해야 하고, 그렇게 함으로써 교황 성하는 그런 작은 문제와 관련된 부담에서 벗어나 그 대신 기도하고 공부하며 온 세상의 그리스도교인들을 보살피는 데에 헌신하도록 해야 합니다. 이것이 바로 그가 주장해야 할 권리입니다.

사도들이 행했던 것도 이런 것이었습니다. 그들은 사도행전 6장에서 이렇게 말했습니다. "우리가 하나님의 말씀을 제쳐 놓고 접대를 일삼는 것이 마땅하지 아니하니, 우리는 오로지 기도하는 일과 말씀 사역에 힘쓰고, 그 일을 다른 이들에게 맡기리라"(행 6:2-4). 그러나 오늘날 로마 교황청이 대표하는 것은 복음과 기도를 등한시하고 식탁을 위해 애쓰는 세속적인 일일 뿐입니다. 사도들의 방식과 교황의 방식이 공통점을 갖는 것은 그리스도와 루시퍼, 하늘과 땅, 낮과 밤이 공통점을 갖는 것과도 같습니다. 그럼에도 불구하고 교황은 "그리스도의 대리자"요, "사도들의 계승자"라고 불립니다.

어떤 세속적 문제도 교황청에는 돌리지 말아야 하고, 오직 그런 경우는 모두 세속 권력에 회부됨을 선포해야 합니다. 교회법에 의하면 교황 지상주의자들 자신이 그런 것을, 비록 그들이 준수하지 않지만, 기술하고 있습니다. 교황의 의무는 성경에 가장 박식하고 또 누구보다 거룩한 사람이 (명분에서만이 아니고 실제에서) 되며, 신앙과 그리스도인들의 거룩한 삶에 관한 문제들을 조정하는 일이 되어야 합니다. 그는 수석 대주교와 대주교들이 이런 일을 하도록 만들고, 또한 그 일들을 다루며 책임을 맡아 그들을 도와야 합니다. 성 바울도 고린도전서 6장에서 이런 것을 가르치면서, 이 세상 것들로 자신들을 채우는 고린도의 그리스도인들을 엄격하게 질책하였습니다. 세속적인 문제들이 교황청에서 다루어진다는 것은 모든 나라에서 견딜 수 없는 고민을 야기합니다. 그것은 비용을 증가시키고, 게다가 이 판관들은 다른 나라들의 관습이나 풍습, 그리고 법을 알지 못합니다. 그래서 그들은 종종 사실을 곡해시키고, 자신들의 결정을 그들 자신의 법과 선례에 근거를 두고 내립니다. 결과적으로 모든 진영에 불의를 행하는 격이 됩니다.

게다가 주교들의 법원 판관들에 의해 자행되는 끔찍한 착취는 모든 교구에서 금지되어야 합니다. 그리하여 그들은 신앙과 도덕의 문제들을 제외한 다른 것들은 더 이상 판결하지 않아야 하고, 또한 돈과 재산에 관한 문제, 생명과 명예를 구하는 문제는 세상의 판사들에게 맡겨야 합니다. 그러므로 세속 권력은 신앙과 도덕성이 연관되지 않은 경우에 파문과 추방의 선고가 통과되도록 허용해서는 안 됩니다. 영적 권위는 영적인 문제를 다스려야 합니다. 이는 그저 상식에 해당합니다. 영적인 문제는 돈이나 물질적인 것들이 아니고, 신앙과 선행입니다.

그럼에도 불구하고 유급 성직록이나 혜택에 관한 경우는 주교와 대주교, 수석 대주교들 앞에서 심리되도록 허락되어야 할 것입니다. 따라서 분쟁과 불일치를 해결하기 위해서, 독일의 수석 대주교가 교회법원의 회계 감사관과 대법관과 함께 교회 법정을 여는 것이 가능할 것입니다. 이 법정은 "시그나투라이 그라티아이(signaturae gratiae)"와 "시그나투라이 유스티티아이(signaturae justitiae)"에 대한 제한을 가져야 합니다.[22] 현재 이 법정의 업무는 교황청에서 조정하고 있습니다. 독일에서의 소송들은 보통 이 최고 법원으로 돌려지고 재판될 것입니다. 그런 법원의 재판관들은 로마에서 행해지는 것처럼 행여 선물이나 희사금을 취해서는 안 됩니다. 그런 것에 의해서 그들은 갈수록 더 정의와 불의를 파는 데에 익숙해져 왔습니다. 그들은 로마에서 이렇게 하지 않을 수가 없습니다. 왜냐하면 교황이 그들에게 급여를 주지 않고 대신 그들이 선물로부터 배가 불러가도록 방치하기 때문입니다. 오늘날 로마에서는, 실상인즉, 그 누구도 무엇이 옳고 무엇이 그른지에 대해서 신경을 쓰지 않습니다. 그들에게 관심은 '오직 무엇이 돈이고 무엇이 아닌가'입니다. 그런 법원의 재판관들은 성직 취득세로부터든지 또는 이런 것에 있어서 저보다 더 똑똑하고 노련한 사람들에 의해서 고안된 다른 방법으로 급여를 받아야 합니다. 제가 추구하는 모든 것은, 교황에 의한 이 끔찍하고 이교도적이며 비그리스도교적인 방식으로부터 독일 민

---

22. 이 글이 쓰일 때, "signaturae gratiae"의 기능은 보조금이나 혜택, 호의 등을 부여하는 것을 감독하는 것이었고, 한편 "signaturae justitiae"는 교회 문제의 일반적 관리를 떠맡았다.

족을 자유롭게 해방시키고 다시금 그리스도교적으로 되게 하는 데에 도움을 줄 만한 능력과 성향을 가진 사람들을 고무시키고 고려해 보도록 세우는 것입니다.

"유보"가 더 이상 정당하지 않도록 해야 하고, 또 유급 성직이 로마에 의해 더 이상 장악되지 않도록 해야 합니다. 재임자가 죽거나, 분쟁이 있을지라도 말입니다. 또한 재임자가 교황을 섬기는 사람들 가운데 한 구성원이거나 추기경의 비서라고 할지라도 말입니다. 그리고 교황청의 구성원이 어떤 유급 성직이든 그것을 차지하기 위해 경쟁을 벌인다든가, 교황청으로 신실한 사제를 소환하여 괴롭힌다든가, 그들을 억지로 소송으로 몰고 가는 것은 엄격하게 금지되고 방지되어야 합니다. 이런 금지령의 결과로 만약 로마로부터 어떤 금지 법령이나 교회적 압력이 온다면, 그런 것은 무시되어야 합니다. 이는 마치 도둑이 어떤 사람을, 그 사람이 자기가 훔치는 것을 허락하지 않는다고 파문시키는 경우와도 같습니다.

참으로 그들은, 강도질에 대한 그들의 영향력을 강화하기 위해서 여러 금지조항을 만든 것에 대해, 또한 하나님의 이름을 신성모독적으로 남용한 죄에 대해 엄하게 처벌되어야 합니다. 그자들은 오직 거짓이고 날조일 뿐인 위협을 통해 우리를 몰아가, 우리가 하나님의 이름에 대한 신성모독과 영적 권위에 대한 남용을 견디면서 그들을 찬양할 정도로까지 이르기를 원합니다. 그들은 하나님 보시기에 파렴치한 그들의 악행에 있어서 우리가 분담자가 되기를 강요합니다. 우리는 하나님 앞에서 그들을 반대할 책임이 있습니다. 성 바울도 로마서 1장에서 그런 것들을 행하는 사람들뿐만 아니라 그런 것들이 행해지도록 승인하고 허용하는 사람들도 또한 죽음에 이르는 게 마땅하다고 질책하고 있습니다(롬 1:32). 모든 것들 가운데 가장 참을 수 없는 것은 그 기만하는 "심중 보류"입니다. 그것에 의해서 그리스도교계는 너무나 불명예스럽게, 그리고 드러내놓고 수치와 조롱에 놓이게 되었습니다. 왜냐하면 그 수장이 노골적으로 드러나는 거짓을 일삼고, 더러운 돈 때문에 뻔뻔하게 속이면서 모든 이를 기만하기 때문입니다.

"유보되는 경우들(casus reservati)"[23]도 또한 철폐되어야 합니다. 그런 경우들은 사람들로부터 많은 돈을 착취하는 수단일 뿐만 아니라, 또한 그것들에 의해 무자비한 폭군들이 수많은 연약한 양심들을 올가미에 걸려들게 하면서 하나님께 대한 그들의 신앙을 극도로 손상시킵니다. 이것은

---

23. 특별히 오직 교황이나 주교들만이 사해 줄 수 있는 큰 죄들을 가리킨다.

특별히 그자들이 "주님의 만찬(Coena Domini)"[24]이라는 교황의 교서에서 크게 떠들어대는 유치하고 우스운 경우들에서 그렇습니다. 여기서 말하는 죄들은 일상의 죄로 불려서도 안 되는, 결코 엄청난 것들이 아닌 것들로서 교황은 그것들을 사하기 위해 면벌부를 사용할 필요도 없답니다. 이 죄들을 예로 든다면, 로마로 가는 순례자를 방해하기, 이슬람교도들에게 무기를 제공하기, 교황 서신을 위조하기와 같은 것들입니다. 그자들은 그런 엉성하고 졸렬하며 어리석은 행위들로 우리를 바보로 만들고 있습니다.

소돔과 고모라의 죄 그리고 하나님의 계명을 거슬러 저질러지는 모든 죄들은 "유보되는 경우들"일 수가 없습니다. 다만 하나님께서 결코 명하시지 않았던 것들, 그들 자신이 만들어낸 것들, 이런 죄들이 "유보되는 경우들"임에 틀림없습니다. 이 모든 것들을 그들이 행하는 유일한 이유는 그 누구도 로마로 돈을 들고 오는 것으로부터 방해되지 않으리라는 것입니다. 그렇게 함으로써 그들이 편하고 사치스럽게 살 수 있고, 이슬람교도로부터 안전하게 되는 것입니다. 또한 그들의 잡스럽고 가치 없는 교서와 서신들에 의

---

24. 이 교서는 1770년까지 사용되었는데, 세족례를 행하는 성 목요일에 로마에서 공식적으로 읽었다. 이 교서는 로마 가톨릭 교리에 어떤 식으로든지 동의를 하지 않았던 사람들에 대한 저주와 파문에 관한 내용을 포함하였다.

해, 그들은 세상을 그 폭압에 종속시켜 나갈 수 있습니다.

정확히 말하자면, 모든 사제들은 보다 공식적으로 만들어지는 교서에 대해 다음과 같은 것을 알아야 합니다. 비밀스러운 죄, 혹은 비난받아야 마땅하지만 아무도 모르므로 비난받지 않는 죄는 "유보되는 경우"에 해당되지 않고, 또한 모든 사제가 모든 죄를, 그것이 어떤 죄이든지 관계없이 사해 줄 권한을 갖는다는 것입니다. 비밀스러운 죄들인 경우에 수도원장도 주교도, 또한 교황도 그 죄를 자신들에게 유보할 권한을 가지고 있지 않습니다. 만약 그들이 그렇게 한다면, 그들의 행위는 효력이 없는 것입니다. 그들은 어떤 권한도 없이 하나님의 자리에서 건방지게 판단하고, 그렇게 함으로써 가련하고 무지한 양심들을 올가미에 걸려들게 하고 부담을 지우는 사람들입니다. 그들은 처벌되어야 마땅하기까지 여겨집니다.

그러나, 명백하고 악명이 높은 죄들이 저질러진 경우에, 특별히 하나님의 계명을 저버린 죄들의 경우에는 참으로 "유보되는 경우들"이 될 근거가 있다고 하겠습니다. 그러나 그런 경우조차도 너무 많으면 안 되고, 또한 그 경우들이 독단적으로 이유도 없이 유보되어서는 안 됩니다. 왜냐하면 베드로가 그의 첫 번째 편지 마지막 장에서 말하고 있듯이(벧전 5:2-3), 그리스도께서는 당신의 교회에 폭군이 아닌, 목자들을 세우셨기 때문입니다.

교황청은 수많은 직위(officia)들을 폐지하고, 로마에서 살 살 기며 아첨하는, 일군의 사회의 기생충 같은 사람들을 감축시켜야 합니다. 그리하여 교황의 살림은 교황 자신의 주머니로부터 지원될 수 있도록 해야 합니다. 교황은 자신의 궁정이 그 화려함과 사치에 있어서 세상 왕들의 궁정들을 능가하도록 해서는 안 됩니다. 왜냐하면 그런 종류의 것은 그리스도교적 신앙의 대의명분을 위해 어떤 소용도 없을 뿐만 아니라, 또한 [교회의] 창녀들이 공부하고 기도하는 것을 막아서 결국 그들은 신앙에 관해서 거의 말을 할 수가 없을 정도로 되어 버리기 때문입니다. 지난번 열린 공의회[25]에서 그들은 이 사실을 매우 극악하게 증명했답니다. 거기에서 토의된 다른 많은 유치하고 하찮은 것들 가운데 하나로서 그들은 선포하기를, 사람의 영혼은 불멸하니[26] 모든 사제는, 그가 그의 유급 성직을 상실하기를 원하지 않는 한, 한 달에 한 번은 기도를 해야만 한다는 것이

---

25. 교황 율리오 2세에 의해 소집된 제5차 라테란 공의회(1512-1517년)을 가리킨다. 주요 의제는 교회의 개혁이었다.
26. 물론 루터가 영혼의 불멸에 대해 반대한 것이 아니다. 그가 반대한 것은 이 중요한 교리를 다른 하찮은 문제들의 수준으로 전락시켰다는 것이다.

었습니다. 어떻게 그리스도교계의 사건들과 신앙의 문제들이, 역겨운 탐욕과 부와 세상적 현란함에 의해서 굳어지고 눈이 멀게 된 사람들에 의해서, 그리고 영혼이 불멸한다는 걸 이제야 처음으로 선포하는 사람들에 의해서 다루어지고 결정될 수 있단 말입니까? 그들이 로마에서 신앙을 그렇게 수치스럽게 다룬 것은 온 세상의 그리스도교인들에게 작은 수치가 아닙니다. 만약 그들이 덜 부유하고 덜 화려하게 산다면, 그들은 신앙의 문제들을 합당하고 성실하게 다루기 위해서 보다 더 부지런하게 기도하고 공부할 수 있을 것입니다. 고대의 교회에서 주교들이 감히 왕중의 왕이 되려고 하지 않았을 때의 경우처럼 말입니다.

주교들이 교황에게 맹세하도록 그릇되게 강요하는 가혹하고 끔찍한 서약은 철폐되어야 합니다. 이 서약들은 주교들을 종과도 같이 매어 놓고 있는데, "의미(Significasti)"라고 제목이 붙여진, 독단적이고 어리석으며 가치 없고 무식한, [교회법전의] 어느 장에서 선포되고 있습니다. 그자들이 주교들을 그들의 직위와 역할에서뿐만 아니라 개인으로서도 수감자로 만들고 있는데, 그렇게 하지 않아도 그들이 헤아릴 수 없이 많은 어리석은 규정들을 통해서 우리의 몸과 영혼, 또한 재산에 있어서 짐을 지우고, 그리하여 신앙을 약화시키고 온 세상의 그리스도교계를 헛되이 하는 것만으로도 충분하지 않습니까?

게다가 그들은 성직 서임권[27]을 또한 인수했습니다. 옛날에는 이 서임권이 독일 황제의 권한이었고, 한편 프랑스와 다른 나라들에서는 아직도 왕에게 이 권한이 주어집니다. 그들은 이 문제를 두고 황제들과 커다란 전쟁과 논쟁들을 치렀으며, 마침내 그들은 그 권한을 인수하는 뻔뻔스러운 철면피를 갖게 되었고, 그리하여 그것을 현재까지 계속 지니고 있습니다. 마치 세상에서 다른 모든 그리스도교인들보다도 독일인들이 더 교황과 교황청을 위한 시골뜨기들이 되어야 하고, 또한 어떤 누구도 참거나 행하지 못할 것을 독일인들이 행하고 참아야 하는 듯이 말입니다. 이러한 것들은 강도짓 자체이고 폭력이며, 주교의 고유한 권한을 방해하며, 불쌍한 영혼들에 해를 끼치는 일이기 때문에, 황제와 귀족들은 그러한 폭압을 막고 벌할 의무가 있습니다.

주교가 왕에게 왕관을 씌우듯이, 교황이 제단에서 황제에게 도유하고 왕관을 씌우는 일을 제외하고는, 그는 황제

---

27. 서임권은 교황 그레고리우스 7세(Gregorius VII)와 신성로마제국의 황제 헨리 4세(Henry IV) 사이의 분쟁의 주제였고, 이것이 1077년 카노사에서 황제 헨리 4세의 항복으로 귀결되었다.

에 대해 어떤 권한도 가져서는 안 됩니다. 우리는 그 사악한 오만에 결코 다시는 항복해서는 안 됩니다. 그 오만은 황제가 교황의 발에 입을 맞추도록 요구하고 또는, 교황 발치에 앉도록 하거나, 항간의 이야기대로 교황이 말을 타기 위해 오를 때에 그의 노새의 발걸이나 고삐를 잡고 있기를 요구합니다. 황제는 교황에게 경의를 표하고, 또 그에 대한 신실한 충성을 선서할 때, 훨씬 덜한 정도로 해야 합니다. 교황들은 마치 자신들이 그런 것에 대한 권리를 갖기라도 하는 듯이, 뻔뻔스럽게 요구하지만 말입니다. [교회법전에 또한 포함되어 있는] "통상적인 것(Solite)"이라는 장은 교황의 권위를 제국의 권위보다 위에 있는 것으로 세우고 있는데, 이것은 전혀 가치가 없는 것입니다. 자신들의 권위에 있어서 교황의 권위 위에 토대를 두고 있거나 교황의 권위에 존경을 표하는 모든 사람들도 마찬가지입니다. 왜냐하면 그것은 다름 아니라 그저 하나님의 거룩한 말씀을 강요하는 것이고, 그 말씀들의 참된 의미로부터 말씀을 비틀어 그들 자신이 선호하는 상상력에 순응시키는 것이기 때문입니다. 이미 저는 라틴어로 쓰인 한 논문[28]에서 그런 것을 증명한 바 있습니다.

---

28. 루터는 1520년 〈교황의 권세에 관해서(*De potestate papae*)〉라는 논문을 작성했다.

이런 몹시 극단적이고 오만하며 악의적인 교황의 주제넘음은 악마에 의해 고안되었는데, 악마는 그런 가면 밑에서 적그리스도를 들여와 교황을 하나님 위로 올려놓기를 의도하고 있습니다. 현재 많은 이들이 그런 것을 행하고 있으며, 사실 이미 행해졌습니다. 교황이 스스로를 세속 권력들 위로 높이는 것은, 설교나 죄사함과 같은 영적인 직무의 경우를 제외하고는 합당하지 않습니다. 다른 일에서 교황은 세상 왕들의 왕좌에 종속됩니다. 사도 바울과 베드로가 로마서 13장과 베드로전서 2장에서 그렇게 가르치고 있고(롬 13:1-7; 벧전 2:13), 또한 저도 앞에서 이에 대해 설명한 바 있습니다.

교황은 천상에 계신 그리스도의 대리자가 아니고, 다만 오직 지상에서 활동하셨던 그리스도의 대리자입니다. 천상의 그리스도께서는 통치자 모습을 한 대리자를 필요로 하지 않으시며, 당신의 왕좌에 앉아 모든 것을 지켜보고 모든 것을 행하시며, 모든 것을 아시고 전능하신 힘을 지니십니다. 그러나 그리스도께서는 종의 모습을 한 대리자를 필요로 하십니다. 그분 자신이 종의 모습으로 지상에서 계속 바쁘게 활동하셨고, 설교하시며, 고난을 겪으시고 돌아가셨습니다. 그런데 오늘날 교황 지상주의자들이 그 모든 것을 전복시켜 버리고 있습니다. 그자들은 그리스도로부터 천상의 왕의 성격을 취해서 그것을 교황에게 주는 한편 종의 특성은 완벽하게 파멸하도록 내버려 둡니다. 교황은 아마도 거의, 그리스도와 정반대되는 인물, 즉 성경이 적그리스도라고 부르는 자일 듯합니다. 왜냐하면 모든 그의 특성과 활동, 주장들은 그리스도를 거슬러서 가고 있고, 그리하여 그리스도의 본질을 완전히 가리면서 그리스도의 활동을 파괴시키고 있기 때문입니다.

또한 교황이 그런 왜곡되고 기만적인 추론에 근거하여, 그가 펴낸 "목자의 교서(decretal Pastoralis)"[29]에서, 교황이 제국의 왕좌가 공석이 되는 경우에 그것을 채울 적절한 상속자라고 주장하는 것은 터무니없고 유치합니다. 누가 그에게 이 권한을 주었습니까? 그리스도께서, "이방인의 임금들은 사람들을 주관하나 너희는 그렇지 않을지니라"라고 말씀하실 때(눅 22:25-26 참조), 그때 그리스도께서 주셨습니까? 아니면 베드로가 그에게 그것을 물려주었습니까? 우리가 그런 뻔뻔하고 역겨우며 어리석은 거짓말을 교회법에서 읽고 배워야 하며, 나아가서 그런 것들을 그리스도교

---

29. 1313년에 공표된 교황 클레멘스 5세(Clemens Ⅴ)의 교서로서, 후에 교회법으로 통합되었다.

의 교리로서 보유하기조차 해야 한다는 것은 저를 분노하게 합니다. 그것들은 사악한 거짓말들일 뿐입니다.

난감한 거짓말인, "콘스탄티누스 황제의 기부증서(Donation of Constantine)"[30]도 똑같은 종류의 것입니다. 그토록 수많은 지성인들이 그런 거짓말들을 받아들이도록 설득을 당해 왔다는 것은 하나님께서 보낸 어떤 특별한 전염병이 었음에 틀림없는 것 같습니다. 그 거짓말들은 너무나 엉성하고 조잡해서, 그 어떤 술 취한 농부라도 그보다는 더 영리하고 솜씨있게 거짓말을 할 수 있을 것이라고 저는 생각하지 않을 수가 없습니다.

어떻게 한 사람이 제국을 통치하면서 동시에 설교하고 기도하고 연구하며 가난한 사람들을 돌볼 수 있겠습니까? 후자의 일들이 교황에게 가장 고유하고 특별하게 속하는 직무들입니다. 그것들은 그리스도에 의해서 매우 진지하게 부과됐고, 그래서 그분께서는 당신의 제자들이 외투나 돈을 지니는 것을 금하기조차 하셨습니다(마 10:9-10). 그리스도께서 이런 것을 명하셨던 이유는, 만약 누가 한 집안이라도

---

30. 콘스탄티누스 황제(Constantinus, 재위 306-337)의 유서인 것으로 추정되던 문서를 가리킨다. 그 문서는, 교황에게 로마와 이탈리아에 있는 어떤 토지와 섬에 대한 소유권을 양도한다는 내용이었다. 중세 때에 교황들은 세속 권력에 대한 자신들의 권리를 뒷받침하기 위해서 이 문서를 사용했다.

돌보아야 한다면 그런 사람이 이런 직무들을 수행한다는 것은 거의 불가능하기 때문입니다. 그러나 교황은 제국을 다스리면서 또한 교황으로 남아 있기를 원합니다. 이런 것이 그 불량배들이 생각해 냈던 것으로서, 그자들은 교황이라는 이름의 영향력 아래 세상의 주인이 되기를 원하고, 또한 로마 제국을 그리스도의 이름 안에서 교황을 통해서 제국의 이전 상태로 회복하기를 적극적으로 원합니다.

교황은 세상의 몫에 대해 자제를 하면서 손을 떼어야 하고, 나아가 나폴리와 시칠리아 왕국[31]에 대한 어떤 권한도 주장해서는 안 됩니다. 제가 그 왕국에 대해 권한이 없듯이 똑같이 그도 그것에 대해 권한이 없습니다만, 그는 그 왕국의 지배자가 되기를 원합니다. 교황이 가진 거의 모든 다른 소유물들이 그러하듯이, 그것은 강도질과 폭력에 의해 획득된 재산입니다. 그러므로 황제는 교황에게 그런 지배 영토를 허락해서는 안 됩니다. 그런 것이 이미 허락되었던 곳에서도 더 이상 승인해서는 안 됩니다. 그 대신, 황제는 교황의 관심을 성경과 기도서로 돌리도록 해야 합니다. 그래서 그가 설교하고 기도하며, 토지와 사람들에 대한

---

31. 이 작은 왕국의 통치권에 대한 교황의 권리는 11세기부터 발생했다. 루터가 이 논문을 쓸 당시에는 그 통치권이 프랑스와 스페인의 황실에 의해 차지되었다.

지배, 특히 그 누구도 그에게 부여하지 않았던 몫들을 세상의 군주들에게 맡기도록 해야 합니다.

볼로냐, 이몰라, 비첸차, 라베나, 앙코나와 로마냐의 경계에 있는 모든 영토들과, 교황이 강제로 빼앗고 권리도 없이 소유해 왔던 기타 다른 땅들도 마찬가지로 그렇게 해야 합니다. 더욱이 교황은 그리스도와 성 바울의 모든 분명한 명을 거슬러서 이런 것들에 끼어들어 왔습니다. 성 바울은 이렇게 말하고 있습니다. "하나님의 병사가 되고자 하는 사람은 그 누구도 세상적 일에 얽매여서는 안 되느니라"(딤후 2:4).[32] 교황은 이런 병사들의 수장이 되어야 합니다만, 그는 어떤 황제나 왕보다도 더 세상의 일들을 간섭하고 있습니다. 우리는 이런 일들로부터 그를 끌어내어, 그가 하나님의 병사가 되는 일에 관심을 갖도록 해야 합니다. 교황은 자신이 그리스도의 대리자라고 자랑하지만, 정작 그리스도께서는 세속적 지배와 관계되기를 결코 원하지 않으셨습니다. 사실 어떤 이가 한 형제의 행위에 대한 문제를 두고 그리스도의 판단을 구했을 때, 그분께서는 그에게, "누가 나를 너희의 재판장으로 세웠느냐"(눅 12:14)라고 말씀하셨습니다. 그러나 교황은 초대받지도 않고 달려

---

32. 불가타(Vulgata) 성경의 자유로운 번역을 참조했다.

들고, 마치 자신이 신이라도 되듯이 모든 것을 대담하게 조종합니다. 이렇게 함으로써 그는 더 이상 그리스도가 누구인지를 알지 못하는 사람인 듯합니다. 비록 그가 그분의 대리자인 체하지만 말입니다.

또한 교황의 발에 입을 맞추는 것은 중단해야 합니다. 참으로 그것은 비그리스도교적이며 반그리스도교적입니다. 왜냐하면 한 가련한 죄 많은 사람이 그보다 백 배는 더 나은 사람으로 하여금 그 자신의 발에 입을 맞추도록 하기 때문입니다. 만약 이런 것이 교황의 권위에 경의를 표하여 행해지는 것이라면, 왜 교황은 똑같은 것을 다른 사람들에게 그들의 거룩함에 경의를 표하기 위해서 행하지 않습니까? 그리스도와 교황을 비교해 보십시오. 그리스도께서는 제자들의 발을 씻어 닦아 주셨습니다. 반면 제자들은 결코 그분의 발을 씻어 드리지 않았습니다(요 13:4-16). 교황은, 마치 자신이 그리스도보다 더 높기라도 한 듯이, 그 방향을 바꾸어 버리면서, 자신의 발에 입을 맞추도록 하고 그것이 큰 은전이라도 되는 듯이 행동합니다. 그런 것이 합당하다고 할지라도, 만약 어느 누가 그렇게 하려고 한다면, 교황은 그것을 막기 위해 모든 힘을 기울여야 합니다. 성 바울과 바나바가 루스드라의 사람들이 자신들에게 신적 공경을 표하는 것을 허락하지 않으면서, "우리도 여러분과 같은 사람이라"라고 말했듯이 말입니다(행 14:15). 그러나 우리의 아첨꾼들은 우리를 위해 교황을 숭배할 정도로까지 갔습니다. 그리하여 사람들은 교황을 두려워하고 공경하는 만큼 하나님을 두려워하거나 공경하지 않습니다. 그자들은 그것을 용납하지만, 교황의 존엄성이 털끝 하나만큼이라도 약화됨을 참지 못할 것입니다. 만약 그들이 다만 그리스도인으로서 그들 자신보다는 하나님의 영광을 찬탄한다면, 교황은 하나님의 영광이 무시되고 자신의 것이 높여지는 것에 결코 행복하지 않을 것입니다. 또한 그는 하나님의 영광이 한때 그 자신의 것보다 더 높여졌다는 것을 볼 때까지는 어떤 사람도 자신을 공경하도록 허락하지 않을 것입니다.

이런 가증스러운 오만함의 또 다른 예는 교황이 말을 타거나 마차를 타는 것에 만족하지 않고, 그가 건강할지라도 마치 우상과 같이 또는 전대미문의 화려한 행차로 사람들에 의해 운반된다는 것입니다. 친애하는 독자들이여, 그런 악마적 오만함이 어떻게 그리스도와 비교될 수 있겠습니까? 그분의 모든 제자들이 그러하였듯이, 그리스도께서는 스스로 걸어 다니셨습니다. 그리스도인들은 이 세상의 화려함과 헛됨을 경멸하고 벗어나야 하는데, 그런 그리스도인들의 수장이 되고자 하는 교황처럼, 이 세상 어디에 그런 세상적 화려함과 영광 안에서 활동했던 군주가 있었습니까? 한 개인으로서의 교황으로 우리가 대단히 골치를 앓아야 한다는 것이 아니라, 우리는 분명히 하나님의 진노하심을 두려워해야 한다는 것입니다. 만약 우리가 이런 오만함을 받들고 우리의 분노를 보이지 않는다면 말입니다. 교황이 이런 식으로 큰소리를 치고 광대 노릇을 하는 것은 이제 충분합니다. 그러나 우리가 그런 것을 승인하고 계속 내버려 둔다는 것은 너무 과도합니다.

교황이 성체를 영하기를 원할 때, 그가 우아한 군주처럼 가만히 앉아있고 황금 지팡이를 의지하고 있는 가운데, 무릎을 꿇고 절을 하는 추기경에 의해 성찬이 그에게 건네짐을 보면서 어떤 그리스도인의 마음이 기쁠 수 있고, 또 그러해야 하겠습니까? 거룩한 성찬이 가련하고 비참한 죄인인 교황에게는 일어서서 그의 하나님께 경의를 표할 만큼 충분히 가치 있지 않은 것인 듯하지만, 가장 거룩하신 교황 성하보다 훨씬 더 거룩한 모든 다른 그리스도인들은 합당한 공경을 다해 성찬을 받습니다! 우리가 우리의 고위 성직자들에 의한 하나님께 대한 그런 불경을 견디고 또한 그런 것을 찬양하기 때문에, 나아가 우리가 침묵하거나 아첨함으로 인해 이런 저주받은 오만함을 나누어 가지기 때문에, 하나님께서 우리에게 그런 전염병을 내려보내셨다고 한들 그것이 놀랍겠습니까?

교황이 행렬 중에 성찬을 나를 때도 마찬가지입니다. 그는 들것에 들어 올려진 채 옮겨지고, 성찬은 식탁 위에 있는 포도주 병과도 같이 그 앞에 놓여 있답니다. 로마에서 그리스도는 보잘것없는 반면, 교황은 '모든 것'으로 간주됩니다. 그럼에도 불구하고 교황 지상주의자들은 심지어 협박을 하면서 강제로 우리가 하나님과 모든 그리스도교의 가르침을 거스르고 있는 그 적그리스도의 죄악들을 승인하고 찬양하며 공경하도록 합니다. 오, 하나님이시여, 우리를 도우시어 우리가 열린 공의회를 통해 교황이, 그가 스스로를 내세우는 대로, 자신이 하나님보다 더한 존재가 아니고 한 인간일 뿐임을 배우게 하소서!

로마의 성지 순례는 폐지되거나, 아니면 호기심이나 경건한 신앙 행위라는 동기에서 순례를 하는 것이 그 누구에게도 허락되지 않아야 합니다. 순례 희망자의 본당 사제나 그의 지역 당국, 또는 지배자들이 그가 그렇게 할 선하고 충분한 이유가 있다는 것을 인정하지 않는다면 말입니다.

제가 이렇게 말하는 이유는 순례가 나빠서가 아니고, 다만 이런 시기에는 그것이 문제의 소지가 있기 때문입니다. 오늘날 로마에서 사람들은 좋은 본을 발견할 수가 없고, 반대로 순전히 충격적인 일만을 보게 됩니다. 교황 지상주의자들 스스로가 다음과 같은 금언을 고안했을 정도입니다. "로마에 가까울수록 그리스도인은 더 나빠져 간다." 사람들은 로마를 순례한 후에 하나님과 그분의 계명에 대한 경멸을 갖고 돌아오게 됩니다. 사람들은 말하기를, 사람이 첫 번째 로마로 올 때 그는 악당을 찾아다니고, 두 번째에는 그런 사람을 발견하며, 세 번째에는 그 악당을 집으로 데리고 온다고 합니다. 그런데 이제 교황 지상주의자들은 너무나 영악해져서 그들은 한 순례지에서 세 개의 성지 순례를 만들 수 있게 되었답니다! 순례객들은 로마로부터 아주 엉망진창인 경험을 치른 후 귀환하기 때문에 사람들이 로마를 결코 둘러보지를 않거나 또는 그것에 관해 아무것도 모르는 것이 차라리 더 나을 것입니다.

  이것이 사실이 아니라고 할지라도, 우리는 여전히 더 나은 다른 이유를 갖고 있답니다. 즉, 단순한 사람들이 오류에 빠지게 되고, 또한 하나님의 명에 대한 잘못된 이해로 이끌릴 수 있다는 것입니다. 그런 사람들은, 성지 순례를 간다는 것이 귀중하고 선한 행위라고 생각합니다. 이것은 사실이 아니랍니다. 그것은 아주 미약한 정도의 선행이고, 빈번하게는 악하고 오해의 소지가 있습니다. 왜냐하면 하나님께서 그것을 명하시지 않으셨기 때문입니다. 하나님께서는, 사람이 자신의 부인과 자녀들을 돌보고, 남편으로서의 할 일을 행하며, 자신의 이웃들을 돕는 것을 명하셨습니다. 오늘날 한 개인이 로마로 성지 순례를 가면 아마도 50굴덴, 또는 100굴덴을 소비하게 됩니다만, 이런 것은 그 누구도 그 사람이 해야 한다고 명하지 않았습니다. 그렇게 함으로써 그는 집에 있는 자신의 부인과 자녀, 또는 이웃이 결핍을 겪도록 허용하는 것입니다. 그럼에도 불구하고 그 어리석은 사람은 하나님의 계명에 대한 그와 같은 불순종과 무시를 자기가 스스로 부과한 성지 순례를 통해 둘러댈 수 있다고 생각합니다.

그러나 사실 그 성지 순례는 부적절한 것이거나 악마의 미혹에 지나지 않습니다. 교황들은 잘못되고 거짓되며 어리석은 "황금의 해"[33]라는 것을 고안하여 이것과 함께 성지

---

33. "황금의 해", 또는 "대사의 해"는 1300년 교황 보니파키우스 8세(Bonifacius VIII)에 의해 시작되었다. 원래는 100주년 축제였으나 1473년 무렵까지 25번 축제가 열렸다. 이 기간에는 로마의 성베드로 성당과 성바울 성당을 방문하는 사람들에게 전대사(全大赦, 죽은 사람들과 산 사람들의 죄벌을 모두 사해 주는 의례)가 주어졌다. 직접 로마로 갈 수 없었던 사람들은 교황청 재무부에 로마 순례의 비용을 지불함으로써 전대사를 얻을 수 있었다.

순례를 부추겨 왔습니다. 사람들은 그런 지어낸 이야기에 의해 들뜨게 되고 하나님의 계명에서 멀어지고 교황의 잘못된 일를 따르도록 유인됩니다. 교황들은 자신들이 막아야만 했던 바로 그런 일을 행했습니다. 그것은 수입을 올려주었고, 또한 그들의 불법적인 권위를 강화시켰습니다. 이런 일이 하나님과 영혼의 구원에 반하는 것이었음에도 불구하고 계속 진행되어 왔던 이유가 바로 그런 것입니다.

단순한 그리스도인들의 마음으로부터 그런 그릇되고 솔깃하게 만드는 믿음을 뿌리 뽑기 위하여, 그리고 선행에 대한 올바른 이해를 회복하기 위해서 모든 성지 순례들은 중단되어야 합니다. 그 안에는 선한 것이 없습니다. 계명도 그런 것을 명하지 않고, 순종에 대한 의무도 그것에 부여되지 않습니다. 오히려 이 성지 순례들은 죄를 짓고 하나님의 계명들을 무시하는 수많은 기회들을 제공합니다. 성지 순례를 가면서 너무나 많은 걸인들이 생기며, 그들은 온갖 종류의 나쁜 짓을 저지릅니다. 이들은 구걸할 필요가 없을 때도 구걸하기를 배우고, 또한 구걸을 습관으로 만듭니다. 이리하여 부랑자들이 생겨납니다. 그들의 수많은 해악에 대해, 저는 여기서는 말하지 않겠습니다.

오늘날 어떤 이가 성지 순례를 가고자 하면, 또는 그것을 위해 서원하기를 원하면, 그는 우선 그렇게 하기를 원하는 이유를 그의 사제나 상급자에게 밝혀야 합니다. 그 사람이 선한 행위를 목적으로 순례를 가고자 한다면, 그때는 사제나 상급자가 그 사람을 포기하도록 만들어, 사악한 망상인 그 서원과 선행에 종지부를 찍도록 해야 합니다. 사제와 상급자는 그 사람에게 성지 순례를 갈 돈과 노력을, 그 자신의 가족이나 가난한 이웃들을 위해 씀으로써 하나님의 계명을 따르면서 천 배나 더 나은 행위들을 하는 목적으로 그 돈을 쓰는 법을 보여주어야 합니다. 그러나 그 사람이 호기심에 의해서, 다른 나라와 도시들을 보고자 해서 성지 순례를 가고 싶어 한다면, 그 사람에게는 그렇게 하도록 허락될 수 있을 것입니다. 반면 그 사람이 병중에 그런 서원을 했다면, 그 서원은 무효화되고 취소되어야 합니다. 하나님의 명을 강조함으로써 세례 때에 이루어진 서약과 하나님의 명을 지키는 것으로 그 사람이 만족하도록 해야 합니다. 그럼에도 불구하고 그 사람은 양심의 가책을 잠재우기 위해서 단 한 번은 그 어리석은 서원을 이행하도록 허용될 수 있을 것입니다. 누구도 우리 모두에게 공통으로 내려진 하나님 계명이라는 곧은 길을 걷기를 원하지 않습니다. 모두들, 마치 그가 이미 하나님의 계명을 다 이행하기라도 한 듯이, 스스로 새로운 방법과 서원을 고안해 냅니다.

다음으로 우리는, 많은 서원을 하지만 거의 지키지 않는 많은 대중에 대해 논의하겠습니다. 화내지 마십시오, 선하신 분들이여! 저는 참으로 좋은 방향을 의도하고 있습니다. 탁발하는 수도자들의 수도원을 설립하는 것을 더 이상 허락하지 않아야 한다는 것은 씁쓸하기도 하고 좋기도 한 진실입니다. 우리를 도우소서, 하나님이시여, 이미 너무나 많은 그런 수도원들이 있습니다. 하나님께서 그것들 모두를 없어지게 하시길, 아니면 적어도 그것들이 두세 개의 수도회로 결합되기를! 그들은 온 나라 안을 돌아다니면서 어떤 좋은 일도 하지 않았고, 앞으로도 결코 하지 않을 것입니다. 저의 충고는, 이런 수도회 10개, 또는 필요에 따른 만큼의 수도회들을 결합시켜서 하나의 기관으로 만들고, 또 그 기관에 충분한 공급이 이루어지도록 해서 구걸이 필요하지 않도록 하자는 것입니다. 일반 사람들의 구원에 있어서 필요한 것을 고려하는 것이 성 프란시스(St. Francis), 성 도미니크(St. Dominique), 성 아우구스티누스,[34] 또는 다른 어떤 누가 원칙으로서 설립했던 것을 고려하는 것보다 훨씬

---

34. 이 성인들은 잘 알려진 탁발수도회의 창시자들이다.

더 중요합니다. 왜냐하면 그 성인들이 계획했던 대로 모든 것들이 이루어지지는 않았기 때문입니다.

탁발 수도사들은 또한 설교를 하고 고백 성사를 주는 일에서 면제되어야 합니다. 주교들이나 본당들과 집회들, 또는 행정 당국에서 그들에게 이런 것을 하도록 요청하지 않는 한 말입니다. 그들이 설교하고 고해 성사를 주는 일은 사제와 수도사 간의 증오와 시기만을 일으킬 뿐이었습니다. 또한 이런 것은 일반 사람들에게 커다란 불쾌함과 장애물의 한 원천이 되어 왔습니다. 그것은 없어야 좋은 것이므로 멈추게 하여야 합니다. 교황의 폭정을 더 이상 견딜 수 없게 된 사제들과 주교들이, 교황에게 있어서는 너무 강력하게 되어 그들이 어느 날 개혁을 시작하지 않게 하도록 하기 위해, 교황청이 의도적으로 탁발 수도사들을 증가시켜 온 듯이 의심스럽게 보이기도 합니다.

동시에 하나의 같은 수도회 안에서 생겨난 많은 분파와 차이들은 철폐되어야 합니다. 이 분파들은 이따금 매우 사소한 이유로 일어났습니다. 사소한 이유들로 그런 분파들이 유지되기도 합니다. 그들은 서로 간에 이루 다 말할 수 없는 증오와 시기로 다툽니다. 그런 차이들이 없어도 잘 존립할 수 있는 그리스도교 신앙은 갈라진 분파로 인해 비탄에 빠지게 되고, 좋은 그리스도교적 생활이 오직 외적인 규범과 행위와 방법의 기준에 의거해서만 추구되고 가치 있다고 생각됩니다. 이런 것으로부터, 모두가 분명하게 보듯이, 오직 위선과 영혼의 파멸만이 발생할 뿐입니다.

교황이 이런 수도회를 더 설립하거나 승인하는 것도 또한 금지되어야 합니다. 사실 그가 (이미 있는) 수도회들을 폐지시키고, 다른 많은 수도회들도 감축하도록 해야 합니다. 그리스도께 대한 믿음은 그 홀로 중요한 사안이고, 어떤 종류의 수도회들이 없이도 존재할 수 있기 때문에, 사람들이 신앙에 주목하기보다 다양하고 수많은 행위들과 방법들에 따라 살도록 쉽사리 잘못된 방향으로 이끌려진다는 것은 적지 않은 위험입니다. 수도원들 안에 현명한 지도자들이 있어서 그 수도회의 규칙보다 신앙을 더 강조하며 설교하지 않는 한, 그런 수도회가 단순한 영혼들을 해치지 않으며 잘못 이끌지 않는다는 것은 불가능합니다. 단순한 영혼들은 그런 수도회 안에서 오직 행위만을 중요하게 여깁니다.

우리 시대에 믿음을 갖고 수도회들을 창립했던 지도자들은 거의 모든 곳에서 세상을 떠났습니다. 이는 마치 오래전의 이스라엘 후손들 가운데 있었던 일과도 같습니다.

하나님께서 행하신 기적들과 업적들을 알고 있었던 선조들이 죽자, 하나님의 행위와 신앙에 관해 무지한 후손들은 즉시 우상과 그들 자신의 인간적 행위들을 높였습니다. 불행하게도 우리 시대에 수도회들은 하나님의 행위와 신앙에 대한 이해를 지니고 있지 않습니다. 다만 그들은 그들 자신의 규칙과 법, 삶의 방법을 지키기 위해 분투노력함으로써 자신들을 비참한 순교자들로 만들 뿐입니다. 그러나 그들은 결코 영적으로 건강한 삶에 대한 올바른 이해에 이르지 못합니다. 디모데후서 3장에서 다음과 같이 진술하는 바입니다. "경건의 모양은 있으나 그 속에는 아무것도 없느니라…그들은 항상 배우나 끝내 진리의 참된 영적인 삶에 관한 지식에 이를 수 없느니라"(딤후 3:5, 7). 다스리는 수도원장이 그리스도교적 신앙에 관한 이해가 없다면, 수도회를 전혀 갖지 않는 것이 더 나을 것입니다. 왜냐하면 그런 지도자는 손상을 주고 해를 끼치지 않고서는 수도회를 다스릴 수 없고, 또한 겉으로 드러나는 행위에서 더 거룩하고 더 나은 지도자로 보일수록 그는 더한 손상과 파멸을 초래하기 때문입니다.

제가 생각하는 바에 따르자면, 특히 우리가 처한 이 위기의 시대에는 여자 수도회나 남자 수도회 모두를 처음에,

사도들의 시대와 그 후로도 오랫동안 사용되던 똑같은 방식으로 다스리는 것이 필수적인 척도라고 여겨집니다.[35] 그 당시에 모든 남녀 수도회들은 모든 이들에게 다 열려 있으면서, 그들이 원하는 한 수도회에 머물 수 있도록 했습니다. 그 수도회들이 다만 그리스도교인의 학교들, 곧 성경과 그리스도교적 삶을 가르치고, 또한 사람들이 지도하고 설교하도록 훈련하는 곳이 아니고 무엇이었겠습니까? 우리는 성 아그네스(St. Agnes)[36]가 학교에 다녔음을 읽어 알고 있고, 또한 여전히 크베들린부르크(Quedlinburg)에서의 수도회[37] 같은 몇몇 수도회에서는 같은 관행을 볼 수 있습니다. 진실로 모든 남녀 수도회는 매우 자유스럽게 되어서, 하나님께서 강제적인 것이 아니라 기꺼운 섬김을 받으시도록 해야 합니다. 후대에 갈수록 수도회들은 점점 서원으로 묶이게 되었고, 영구적인 감옥소가 되었습니다. 결과적으로 이런 수도 서약은 세례의 서약보다 더 고귀한 것으로 간주됩니다. 우리는 날마다 이 모든 것의 산물에 관해 점점 더 보고 듣고 읽으며 배우게 됩니다.

---

35. 사도들의 시대에 수도회가 존재하지 않았음을 루터는 잘 알고 있지만, 여기서 그는 수도회 제도가 신약성서의 사도적 가르침에 근거해 있다고 주장하고 있다.
36. 4세기 초의 순교자 아그네스는 중세에도 유명한 성녀였다.
37. 가장 유명한 독일 여자 수도회들 가운데 하나로 936년에 창립되었다.

저의 이런 충고가 어리석음의 극치로서 간주되리라는 것을 저는 잘 추측할 수 있습니다만, 저는 이 순간에는 그런 걱정을 하지 않습니다. 저는 제가 생각하기에 좋게 여겨지는 것을 제시하는 것이므로, 그것을 좋게 여기지 않는 사람은 거절할 수 있습니다. 저는 서원, 특히 동정 서원이 어떻게 지켜지는지를 잘 알고 있습니다. 이 서원은 수도회들 안에서 보편적으로 되었습니다. 그렇지만 이것은 결코 그리스도에 의해 명해지지 않았습니다. 그와 반대로, 동정은 극히 소수에게 주어지는 것임을, 그리스도께서 말씀하시고 (마 19:11-12), 또한 성 바울도 말합니다 (고전 7:7). 모든 이가 도움을 받는 것이 저의 진심 어린 바람입니다. 저는 그리스도인들이 부자연스러운 전통과 인간의 법에 의해 속박되기를 바라지 않습니다.

우리는 또한 어떻게 사제들이 무너졌고, 얼마나 많은 가련한 사제들이 부인과 자녀 문제로 과중한 부담에 짓눌리고 있으며, 양심의 가책으로 괴로워하는지를 알고 있습니다. 그런 이들이 용이하게 도움을 받을 수 있는데도, 그 누구도 그들을 돕기 위해 아무것도 행하지 않습니다. 교황과 주교들은 그런 것들을 그대로 유지해 나갈 수 있고, 또 파멸로 향하고 있는 것이 그렇게 하도록 허락할 수 있지만,

그럼에도 불구하고 저는 저의 양심을 구하고자 합니다. 그래서 저는, 교황이나 주교, 또는 다른 모든 사람들을 화나게 할지라도, 거침없이 말하려고 합니다.

제가 말하고자 하는 것은 이렇습니다. 그리스도와 사도들이 제정한 바에 따르면, 모든 도시는 사제 또는 주교를 가져야 합니다. 성 바울은 그것에 관해 디도서 1장에서 분명하게 말하고 있습니다(딛 1:5). 그리고 우리는 이런 사제에게 결혼하여 부인을 두지 않고 살라고 강요해서는 안 되고, 한 명의 부인과 살도록 허용해야 합니다. 성 바울이 디모데전서 3장과 디도서 1장에서 말하고 있는 바입니다. "감독은 책망할 것이 없으며 한 아내의 남편이 되며 … 자기 집을 잘 다스려 자녀들로 모든 공손함으로 복종하게 하는 자라야 할지라"(딤 3:2, 4; 딛 1:6-7 참조). 성 바울과 또한 성 히에로니무스(St. Hieronymus)에 의하면, 주교와 사제는 동일한 직분입니다.[38] 한편 오늘날과 같은 형태의 주교에 있어서는 그 성경적 근거가 없습니다. 오늘날 주교는 교회의 규정에 따라 임명되어, 주교 한 사람마다 사제 몇 명에 대한 권위를 지닐 수 있도록 하고 있습니다.

---

38. 루터의 고린도전서 4장 1절에 관한 이해이다. 히에로니무스의 〈디도서에 관한 주해〉를 참조했다.

그러므로 우리는 사도적 가르침으로부터, 각 도시가 교회 회중 가운데 교육을 받고 경건한 한 시민을 선정하여 그에게 성직을 맡기고, 신도들의 비용으로 그를 지원하는 것이 관습이 되어야 함을 분명하게 배우게 됩니다. 그가 결혼을 하든지 안 하든지는 그의 자유에 맡겨야 합니다. 그는 몇 명의 사제나 부제를—그들도 결혼의 자유가 있습니다—자신의 밑에 두고, 신도들과 교회 공동체를 말씀과 성사를 통해 섬기는 일에 있어서 그를 도울 수 있도록 해야 합니다. 그리스 정교회에서는 아직도 이런 관습을 행하고 있습니다. 사도 시대 이후에는 때때로 너무나 많은 박해와 이단들과의 논쟁이 있었기 때문에, 많은 교부들은 자발적으로 결혼 생활을 삼가면서 자신들이 연구하는 데에 헌신할 수 있도록, 또한 언제라도 죽음이나 신앙의 싸움을 위해 준비될 수 있도록 하였습니다.

그러나 교황청이 그 자신의 억지를 쓰며 개입하여, 사제의 결혼 금지를 보편적인 계명으로 만들어 버렸습니다.[39] 이것은, 성 바울이 디모데전서에서 다음과 같이 진술하듯이, 악마의 명에 따라 행해졌습니다. "성령께서 후일에 어

---

39. 성직자의 독신을 규정하고 있는 첫 번째 확고한 교회 성문법은 교황 시리키우스(Siricius)가 385년에 정한 것이었다.

떤 사람들이 믿음에서 떠나 미혹하는 영과 귀신의 가르침을 따르리라 하셨으니 … 혼인을 금할 것이라"(딤전 4:1, 3). 불행하게도 너무나 많은 비참한 일들이 이로부터 생겨났기 때문에 말로 다 그것을 표현할 수가 없답니다. 게다가 이것은 그리스 정교회가 갈라지는 한 원인이 되었습니다. 이것이 초래하는 불협화음, 죄, 망신, 추문은 끝없이 증가되었습니다. 악마가 시작하여 이끌고 나갈 때 이런 것은 항상 일어나게 되어 있습니다. 그렇다면 이제 이것에 대해 우리가 무엇을 해야 하겠습니까?

저의 충고란, 모든 이에게 자유를 회복하여 각 사람이 결혼 여부를 자유롭게 선택하도록 맡기자는 것입니다. 그렇게 된다면, 교회 재산과 관련하여 매우 다른 방식의 체제와 집행이 이루어져야만 할 것입니다. 교회법 전체가 뒤집어져야 할 것입니다. 또한 소수의 유급 성직만이 로마의 수중으로 들어가도록 승인해야 합니다. 유감스럽지만 이 불행하고 무절제한 독신주의의 원인은 탐욕인 것 같습니다. 결과적으로, 모든 이가 사제가 되기를 원했고, 또한 모든 이가 자신의 아들이 사제직을 위해 공부하기를 바라게 되었습니다. 이것은 동정의 삶에 대한 생각 때문이 아니었으니, 사실 그런 것은 사제직이 아닌 데서 실행될 수 있었습니다. 사람들은 사제직을 택함으로써 일하거나 걱정할 필요 없이 세속적인 것들에서 지원을 받게 될 것이라고 생각했습니다. 이런 것은, "네가 얼굴에 땀을 흘려야 먹을 것을 먹으리라"(창 3:19)라는 창세기 3장의 하나님의 명에 반대되는 것입니다. 로마교도들은 그들의 노동은 기도하고 미사를 올리는 것을 의미한다고 이 구절을 해석합니다.

저는 여기서 교황이나 주교, 수사신부, 수도사들을 언급하고 있지 않습니다. 하나님께서 이 직분들을 제정하신 것이 아닙니다. 그들이 스스로에게 무거운 짐을 지운 것이라면, 그들이 그것을 감당해야 합니다. 저는 오직 하나님께서 제정하신 성직만을 거론하고자 합니다. 신도들 가운데 거주하면서 그들에게 말씀과 성사를 공급해 줄 책임이 있는 그런 일반 성직자들 말입니다. 그런 성직자들에겐 유혹과 죄를 피할 수 있도록 그리스도교 공의회에 의해서 결혼을 할 자유가 주어져야 합니다. 하나님께서 그들을 묶어 두시지 않았으므로, 다른 그 누구도, 교황은 말할 것도 없고 하늘의 천사라고 할지라도, 그들을 묶어 두어서는 안 되고 그렇게 할 수 없습니다. 교회법이 그 반대로 선포하는 모든 것은 그저 꾸며낸 이야기이고 쓸데없는 말입니다.

뿐만 아니라, 저는 이후로 사제 또는 다른 어떤 직분의 서품을 받는 사람 모두에게 그가 결코 평생 독신서원을 주교에게 해서는 안 된다고 충고합니다. 그 반대로, 그는 주교에게 그런 서원을 요구할 권리가 없다는 것을 말하고, 또한 그렇게 요구하는 것은 사악한 폭압임을 말해야 합니다. 만약 누가, "인간의 나약함이 허락하는 한"이라는 말을 하도록 강요되거나 또는 그렇게 말하기를 원한다고 하더라도, 그 사람은 솔직하게 그 말을 부정적인 태도에서, "나는 동정을 약속하지 않습니다"를 의미하는 것으로 해석해야 합니다. 왜냐하면 인간의 나약함은 한 인간이 동정으로 사는 걸 허락하지 않고, 다만 오직 천사의 힘과 천상의 권능으로만이 가능한 일이기 때문입니다. 이런 방식으로 그는 모든 서원으로부터 그의 양심의 가책을 자유롭게 지켜야 합니다.

결혼을 할 것인가 또는 독신으로 남을 것인가에 대해서는 저는 찬성 아니면 반대의 의견을 충고로 말하지는 않겠습니다. 저는 그것을 교회의 일반적인 지시, 그리고 각자의 더 나은 판단에 맡깁니다. 저는 저의 진짜 견해를 감추지 않겠고, 또는 측은한 무리에 위로함을 주지 않은 채 보류하지도 않으려 합니다. 부인과 자녀들을 지닌 채 불명예로 떨어진 이들도 있고, 또한 사람들에 의해 여인들이 사제들의 매춘부라고 불려지거나 자녀들이 사제들의 자녀라고 불려 양심에 무거운 짐이 지워진 사람들도 있습니다. 기꺼이 궁정의 광대가 되면서 저는 이런 것을 거리낌 없이 말하렵니다.

당신들은, 사람들에 의해 '나약하고 여자와 불미스러운 관계에 빠진 사람'이라는 말을 듣는 것을 제외하면, 아무것도 흠잡을 데가 없는, 신앙심이 깊은 사제를 많이 볼 것입니다. 그 사제와 여자는, 만약 그들이 깨끗한 양심으로 할 수만 있다면, 둘 다 마음속 깊이 합법적인 부부의 사랑 안에서 함께 살고자 하는 마음일 것입니다. 비록 그 둘은 공적인 불명예를 견뎌야 할지라도, 하나님께서 보시기에 그들은 분명히 혼인한 사람들입니다. 제가 말할 수 있는 것은, 그들은 자신들이 받아들여지고 함께 살 수 있는 곳에서 새롭게 그들 자신의 양심에 호소해야 한다는 것입니다. 교황이 그것을 좋아하든지 아니든지, 그것이 교회법에 어긋나든지 또는 인간의 법에 어긋나든지, 그 사제는 그녀를 그의 합법적인 아내로 맞이하여 그녀의 남편으로서 그녀와 함께 성실하게 살 수 있도록 해야 합니다.

폭압적이고 임의적이며 부정한 법은 구원에 필수적이지도 않고 하나님에 의해 명해진 것도 아니므로, 그런 법을 준수하는 것보다는 각 개인 영혼의 구원이 더 중요합니다. 이스라엘의 후손들이 이집트인들로부터 자신들이 벌었던 임금을 가로챘듯이(출 12:35-36), 또는 사악한 주인으로부터 자신이 번 임금을 가로챈 하인처럼, 여러분은 그렇게 행동해야 합니다. 교황으로부터 여러분의 아내와 자녀를 빼앗으십시오! 믿음을 가진 사람이라면 이런 것을 감행하기에 충분하니, 저의 말을 담대하게 따르십시오. 저는 그를 잘못 인도하지 않을 것입니다. 비록 제가 교황의 권위를 갖고 있지 아니하나, 저는 죄와 유혹에 대항하여 저의 이웃을 위해 충고하고 도와줄 그리스도인의 권위를 가지고 있습니다. 그것은 명분이나 이유가 없는 것이 아닙니다!

첫째, 모든 사제가 여인 없이 지낼 수 있는 것이 아닌데, 이는 단지 인간적 나약함 때문만이 아니라, 훨씬 더 큰 이유로는 살림을 꾸려가기 위해서입니다. 만약 한 사제가 어떤 여인을 옆에 둘 수 있고 또 교황이 그것을 허락하는데, 그럼에도 불구하고 그녀와 혼인하지 못하게 한다면, 그것은 한 남자와 한 여자를 함께 있도록 하면서도 그들이 법을 어기는 것을 금지함이 아니고 무엇이겠습니까? 그것은 마치 짚과 불을 함께 두면서 그것들이 타거나 연기도 내지 말라고 하는 것과 같습니다!

둘째, 교황에게는 사람이 먹고 마시고 소화시키고 살이 찌는 행위를 금할 권한이 없듯이, 이런 것을 명할 힘을 지니고 있지 않습니다. 따라서 그 누구도 이것을 지킬 의무가 없습니다. 그러나 교황은 이 법령에 의해 저질러진 모든 죄에 책임이 있습니다. 그것은 이 조항 때문에 잃어버린 모든 영혼들이며, 혼란스럽게 되고 지독하게 괴롭혀진 모든 양심들입니다. 그는 너무나 많은 불쌍한 영혼들을 이 사악한 밧줄로 목을 조여 왔기에 이미 오래전부터 이 세상으로부터 추방되기에 합당했습니다. 그러나 하나님께서는 사람들의 마지막 때에 그 영혼들에 대해, 교황이 그들에게 그들의 전 생애를 두고 했던 것보다 더 자애로우셨음이 저의 확고한 믿음입니다. 교황 제도와 그 법으로부터는 어떤 좋은 것도 나왔던 적이 없었고, 앞으로도 그럴 것입니다.

셋째, 비록 교황의 법령은 어떤 결혼을 금하지만, 그럼에도 불구하고 혼인한 상태라면 교황의 법은 이미 끝이 났고 더 이상 유효하지 않습니다. 왜냐하면 그 누구도 남편과 아내를 갈라놓지 못할 것이라고 이르시는 하나님의 명령(마 19:6)이 교황의 법 위에 있기 때문입니다. 또한 하나님의 명이 교황의 명령 때문에 파기되거나 무시되어서는 안 됩니다. 그런데도, 교황과 함께 많은 어리석은 법률가들은 장애 조항들을 고안해 냈고, 그런 것에 의해서 혼인한 상태를 막고 깨트리며 그것에 혼란을 가져왔으며, 결혼에 관한 하나님의 계명은 모두 사라져 버렸습니다.[40] 제가 더 말할 필요가 있습니까? 교황에 의한 교회법 전체에서는, 신실한 그리스도인을 가르칠 수 있는 내용이라고는 단 두 줄도 없습니다. 한편 불행하게도 그 안에는 너무나 많은 착오적이고 위험한 법들이 있어서 그것을 태워버리는 것이 가장 좋은 일이 될 것입니다.

그러나 만약 여러분들이 성직자의 결혼이 불쾌감을 줄 것이고, 또한 교황이 먼저 특별 허가를 부여해야 한다고 말한다면, 저는 이렇게 대답하렵니다. 즉, 그 안에 있는 불쾌함이 무엇이 있든지, 그것은 그런 법들을 어떤 권한도 없이 하나님을 거스르며 제정했던 교황청의 잘못이라는 것입니다. 성직자의 결혼은 하나님과 성경에 어긋나지 않습니다. 게다가, 만약 교황이 돈을 위한 그의 탐욕적이고 폭압적인 법으로부터 특별 허가를 줄 수 있다면, 그때 모든 그리스도인은 하나님의 목적을 위하여 또 영혼들의 구

---

40. 결혼에 관한 법은 전적으로 교회법에 속he는데, 이 법은 7촌의 혈족 관계까지의 친족들 간의 혼인을 금했다. 1204년에 이 금지 조항은 공의회에 의해서 4촌까지로 낮추어졌다. 이런 금지 조항의 범위 안에서 결혼을 합법적으로 하기 위해서는 오직 특별 허가에 의해서만 가능했는데, 그것을 위해 돈을 낼 수 있는 사람들에게는 어려운 일이 아니었다. 대부모와 대자녀의 관계는 "영적인 혈족 관계"로서 간주되었다.

원을 위하여 바로 이 동일한 법으로부터 특별 허가를 줄 수 있습니다. 왜냐하면, 특별히 모든 법들이 하나님과 영혼들의 구원에 반대될 때, 그리스도께서는 그것들로부터 우리를 자유롭게 만드셨기 때문입니다. 이는 성 바울이 갈라디아서 5장과 고린도전서 10장에서 가르치는 바와 같습니다(갈 5:1; 고전 10:23).

저는 또한 가련한 수도원들을 잊어버릴 수가 없습니다. 인간이 만든 법을 통하여 수도사들의 삶의 모든 형태를 오늘날 혼란시켜 왔고 또 그들을 견딜 수 없도록 만드는 악한 영은 몇몇 수도원장과 수녀원장들, 그리고 고위 성직자들을 손아귀에 넣었습니다. 결과적으로 그들은, 악마를 위해 몸을 바치는 사람들이 하듯이, 자신들의 형제이며 자매들을 곧바로 지옥에 갈 정도의 방식을 통해 다스리고 있으며, 지금 여기서도 그들의 비참한 실존을 이끌고 있습니다. 다시 말하자면, 이 수도원장들은 비밀스런 대죄들 모두를, 또는 적어도 많은 경우들을 그 고백에 있어서 자신들에게 유보해 왔습니다. 그리하여 어떤 형제도, 곤궁 가운데에 있으며 또 순종의 서약 아래 묶인 다른 형제를 파문당하는 것으로부터 구해줄 수가 없습니다. 이제는 아무도 모든 장소에서 어느 때나 천사들을 발견할 수가 없답니다. 대신 우리가 발견하는 것은, 비밀스러운 죄들을 고위 성직자와 지정된 고해신부에게 고백하느니 차라리 파문과 모든 협박을 겪었던 살과 뼈를 가진 평범한 인간들입니다. 따라서 그 사람들은, 자신들이 "이탈자(irregulars)"[41], 심지어 그보다 더 나쁘기조차 한 사람이 된다는 양심의 괴로운 가책을 지닌 채 성찬을 받으러 가야 합니다. 오, 눈먼 목자들이여! 오, 광적인 고위 성직자들이여! 오, 굶주린 이리들이여!

이에 대해 저는 이렇게 말합니다. 만약 죄가 공공연하거나 악명이 높으면, 고위 성직자 혼자 그것을 벌하는 것이 적당합니다. 그가 자신에게 유보할 수 있고 택할 수 있는 죄는 오직 이런 것들이지 다른 것들은 아닙니다. 은밀한 죄들에 대해서는, 그것들이 발생한 적이 있거나 발견될 수 있는 죄들 중에 최악의 것이라 하여도, 그는 아무런 권한을 가지고 있지 않습니다. 만약에 고위 성직자가 이 은밀한 죄들로부터 예외를 만든다면, 그때 그는 폭군입니다. 그는 그러한 권한을 지니고 있지 않고, 또한 하나님의 심판 권한을 침범하는 것입니다.

그러므로 저는 어린 사람들, 수도사와 수녀들에게 충고

---

41. "이탈자(irregulars)"라는 표현은 이단, 배교, 동정서원의 위반 등의 죄를 범한 수도사들에게 적용되었다.

합니다. 만약 그대들의 상급자들이, 그대들이 자신의 은밀한 죄를 고백하기 위해 선택한 사람에게 그렇게 하기를 허락하지 않으려고 한다면, 그때는 그대들의 동료 형제나 자매에게, 그대들이 원하는 그 누구에게라도 죄들을 말하고서 죄 사함을 받고 위로를 받으십시오. 그러고서 가서 그대들이 원하고 또 해야만 하는 것을 행하십시오. 오직 그대가 죄 사함을 받았고, 따라서 아무것도 더 이상 필요치 않다는 것을 굳게 믿기만 하십시오. 파문을 당하거나 이탈자가 될 수 있다는 협박에 의해서 또는 그들이 을러대는 그 어떤 다른 협박에 의해서도 괴로워하거나 산란해 지지 마십시오. 그런 징계들은 오직 공공연하거나 악명 높은 죄들을 지은 사람들이 그 죄를 고백하지 않았을 때에만 타당한 것입니다. 그것들은 그대들에게 해당되지 않습니다. 눈먼 고위 성직자들이여, 은밀한 죄들을 막기 위해서 당신들은 협박을 통해 무엇을 시도하고 있습니까? 명백하게 당신들이 계속 보유할 수 없는 것을 포기하십시오. 그렇게 함으로써 하나님의 심판과 은혜가 당신의 돌보고 있는 사람들 가운데 일하실 수 있도록 하십시오! 그분께서는 그분 자신으로부터 그들을 완전히 보내기 위해서 당신의 손에 그들을 전적으로 맡기시지 않으셨습니다! 사실 당신은 당신의 영향력보다 적은 몫을 받았습니다. 당신의 법령을 다만 법령이 되도록 하십시오. 그것들을 하늘로까지 격상시키거나 또는 그것들에 하나님의 심판과 같은 중요성을 두지 않도록 하십시오.

죽은 사람들을 위해서 봉헌되는 모든 미사를 폐지하거나, 또는 적어도 그 수를 줄이는 것이 또한 필요합니다. 왜냐하면 우리는, 그것들이 명색에 지나지 않았다는 것을 명백하게 알기 때문입니다. 하나님은 이런 것들에 깊이 분노하시며, 또한 그들의 목적은 오직 돈을 긁어모으기이며 탐식과 술 취함입니다. 그토록 형편 없이 줄줄 말하며 뱉어내기만 하며, 읽는 것도 아니고 기도하는 것도 아닌 끔찍한 철야 전례와 미사를 통해 하나님께서 무슨 기쁨을 취하실 수 있겠습니까? 만약 그것들이 바쳐지는 기도라면, 그것은 하나님을 위해서 사랑으로부터 나오는 것이 아니고, 다만 돈을 위해서이고 일을 끝내기 위해서입니다. 오늘날 구속 받지 않는 사랑으로부터 행해지지 않는 행위가 하나님을 기쁘시게 하거나 흡족하시게 한다는 것은 불가능합니다. 따라서 우리가 보게 되는, 하나님과 화해를 시킨다기보다 오히려 그분을 화나게 하며, 갈수록 남용이 커가기만 하는 모든 것을 철폐하거나 적어도 축소하는 것이 전적으로 그리스도교적이라고 하겠습니다. 각 개별적 후원자를 위해 해마다 수천 번의 전례와 기도를 믿음과 공경함도 없이 드리는 것보다는, 사제단이나 교회, 또는 수도회가 모든 기념 미사와 철야 전례를 통합하여 한 날에 진실한 마음과 공경함과 신앙을 가지고 드리는 것, 자신들의 모든 후원자들을 위하여 하나의 진실한 철야 전례와 미사를 드리는 것이 보다 더 하나님께서 기뻐하시는 기도이고 또 훨씬 더 나으리라고 저는 사실 생각합니다. 오, 친애하는 그리스도인들이여, 하나님께서 기뻐하시는 것은 많은 기도가 아니라 진실한 기도입니다. 사실상 그분께서는 오래 끌면서 반복하는 기도를 비판하시면서 마태복음 6장에서 이렇게 말씀하셨습니다. "그들은 그렇게 함으로써 처벌만을 더 얻게 될 뿐이다"(마 6:7 참조). 하나님 안에 신뢰를 둘 수 없는 욕심이 그런 것을 야기시킵니다. 굶어 죽지 않으려고 탐욕은 안달이랍니다.

교회법의 어떤 징계나 처벌, 특별히 성사수여의 금지는 철폐되어야 합니다. 그것은 의심의 여지 없이 악한 영에 의해서 만들어졌습니다. 하나의 죄를, 많고 큰 죄들을 통해서 교정한다는 것은 사악한 일이 아닙니까? 한 번에 20명의 교황을, 또는 한 사제를 목 졸라 죽이거나 교회의 자산을 악용하는 것보다 사실, 하나님의 말씀에 침묵하거나 예배를 억압하는 것이 더 큰 죄입니다. 이런 금지가 교회법에서 가르치는 애정 어린 덕목들 가운데 또 다른 하나랍니다. 이 법이 "영적"이라고 일컬어지는 이유들 중의 하나는 그것이 영으로부터 나온다는 것입니다. 성령이 아닌 악령으로부터 그것이 나옵니다.

파문은, 성경이 그 사용을 진술하고 있는 경우를 제외하고서는 사용되어서는 안 됩니다. 성경은 참된 신앙을 지니고 있지 않거나 드러나는 죄 안에서 사는 사람들에 대하여 파문을 말하고 있지, 물질적 이득을 위해서가 아닙니다. 그러나 오늘날 그것은 거꾸로입니다. 모든 사람은 자기가 좋은 대로 믿고 살고 있는데, 특히 파문을 사용하는 사람들은 다른 사람들에게 바가지를 씌우고 또 근거 없는 말로 다른 사람들을 헐뜯어 그들의 명예나 지위를 손상시킵니다. 모든 파문은 물질적 이득을 위해서 행해집니다. 그런 것에 있어서 우리는 불의의 거룩한 교회법을 제외하고는 감사할 대상이 없답니다. 저는 앞선 논의에서 이것에 관해서 더 자세히 말했습니다.

다른 징계와 처벌들—사제직 정직, 이탈자로 판결, 파문의 위협, 파문, 면직, 비난과 공격, 저주, 기타 다른 장치들[42]—은 땅속 10패덤[fathom, 수심을 측정할 때 사용하는 단위로 약 1.83m에 해당한다] 깊이에 묻어버려서 그런 것들에 대한 이름과 기억이 지상에 남아 있지 않도록 해야 합니다. 교회법에 의해서 촉발된 악한 영은 끔찍한 역병과 불행을 거룩한 그리스도교계의 천상적 왕국으로 가져왔고, 교회법에 의해서 영혼들을 파멸시키고 방해하는 일만을 해 왔습니다. 그리하여 마태복음 23장에서의 그리스도의 말씀은 그런 것들에 적용될 때 잘 이해될 수 있습니다. "화 있을진저 외식하는 서기관들이여… 너희는 (가르치는 권위를 맡아) 천국 문을 사람들 앞에서 닫고 너희도 들어가지 않고 들어가려 하는 자도 들어가지 못하게 하는도다"(마 23:13).

모든 축제일(수많은 성인들을 기념하는 축제일과 소소한 종교기념일 등)은 폐지되어야 하고, 주일만이 보유되어야 합니다. 그러나 동정녀 마리아와 중요한 성인들에 대한 기념일을 보유하는 것이 바람직하다면, 그 기념일들은 주일로 옮겨지거나 아침 미사에 의해서만 기념되어야 합니다. 기념 후 그날의 나머지는 일하는 날이 되어야 합니다.

제가 이렇게 말하는 이유는 이렇습니다. 그런 축제기념일들은 음주나 도박, 빈둥거리기 등 모든 종류의 죄에 의

---

42. 루터는 여기서 사제들에게 가해졌던 다양한 종류의 처벌들을 열거하고 있다.

해 남용되고 있기 때문에, 우리는 그 거룩한 날에 오히려 우리가 다른 날에 하는 것보다 더 하나님을 화나시게 합니다. 여러 가지 것들이 너무나 뒤죽박죽이어서 거룩한 날들은 거룩하지가 않고 오히려 일하는 평상시 날들이 거룩합니다. 많은 성인들의 날에 어떤 예배도 하나님과 그분의 성인들에게 드려지지 않고, 그 반대로 그분들의 명예가 손상됩니다. 비록 어떤 어리석은 고위 성직자들은, 그 자신의 맹목적 의식의 인도를 따라 각 개인이 성 오틸리아(St. Otilia)나 성 바바라(St. Barbara)를 기념하여 축제를 진행하면 선행을 행했다고 생각하지만 말입니다. 그러나 만약 그들이 성인의 날을 일하는 날이 되게 함으로써 그 성인을 공경한다면 훨씬 더 좋은 행위가 행해질 것입니다.

이런 영적인 손상 외에도, 이런 성인들의 날은 그런 관행으로부터 두 가지의 물질적 불이익을 보통 사람에게 물게 합니다. 첫째, 그는 자신의 일을 소홀히 하고, 또 평상시 소비하는 것보다 더 많은 돈을 쓰게 됩니다. 둘째, 그는 자신의 몸을 약하게 하여 노동에 덜 적합하게 만듭니다. 우리는 이런 것을 날마다 봅니다만, 그 누구도 이런 상황을 바로 잡으려고 생각하지 않습니다. 이렇게 되는 경우에는, 우리는 교황이 그 축일을 제정했는지 아닌지, 또는 우리가 그런 것들을 생략하기 위해서 특면이나 허락을 받아야 하는지를 고려하지 말아야 합니다. 모든 마을이나 공의회, 또는 행정 당국은 교황이나 주교가 모르거나 동의하지 않아도, 하나님께 반대되고 사람들의 몸과 영혼에 손상을 주는 것을 폐지할 권리를 가질 뿐만 아니라, 또한 참으로 영혼의 구원을 걸고 교황과 주교들이―그들은 누구보다 먼저 그렇게 행해야 할 사람들입니다―동의하지 않는다고 하더라도 그것을 위해 싸울 의무가 있습니다.

무엇보다도 우리는 교회봉헌 기념축제들을 완전히 폐지해야 합니다. 왜냐하면 그것들은 술집, 시장, 도박 장소의 기회만을 [교회에] 제공하며, 하나님께 대한 불경을 증가하고, 또 영혼의 지옥살이를 조장할 뿐입니다. 이런 축제들이 선하게 시작되었고 축일을 거행함이 좋은 일이라고 자랑하는 것은 문제에 도움이 되지 않습니다. 하나님께서는, 당신께서 하늘에서 내려 주셨던 율법이 왜곡되고 남용되었을 때, 그 법을 한 쪽으로 치워놓지 않으셨습니까? 동일한 왜곡과 남용으로 인하여, 그분께서는 당신이 세우시고 만드셨던 것을 날마다 전복하고 파괴하지 않으십니까? 시편 18장에서 그분에 관해 이렇게 쓰여 있듯이 말입니다. "그분께서는 사악한 자에게는 주의 거스르심을 보이시리니"(시 18:26).

 결혼이 금지되는 관계의 정도 또는 촌수, 가령 영적 관계에서 또는 삼촌이나 오촌의 친족과의 결혼 금지 규정은 바뀌어야 합니다. 만약 로마의 교황이 특면을 부여할 수 있고 또 수치스럽게 그것들을 돈을 받고 팔 수 있다면, 모든 사제는 영혼의 구원을 위하여 값없이 똑같은 특면을 줄 수 있습니다. 하나님께 비오니, 우리가 로마에 돈을 지불해야만 하는 모든 것들을, 가령 대사, 면벌부, 식품에 관한 허가서, 미사 증서, 모든 다른 종교적 자격증서와 부정행위와 같은 것을 모든 사제가 면제해 줄 수 있기를, 또한 모든 사제가, 가난한 사람들을 속이고 그들의 돈을 가로채는 수단이 되는 황금 올가미, 곧 교회법으로부터 우리를 자유롭게 해줄 수 있기를! 만약 교황이 그의 황금 올가미와 영적인 덫(저는 그것을 "법"이라고 말해야 한답니다)을 돈을 받고 팔 권리를 가지고 있다면, 일반 사제도 분명히 이런 올가미와 덫을 갈가리 찢어버리고 또 하나님을 위하여 그것들을 발로 짓밟을 더한 권리를 지니고 있습니다. 그러나 사제가 이런 권리를 가지고 있지 않다면, 교황도 그런 것을 그의 치욕스러운 시장에서 팔 권리를 지니고 있지 않습니다.

 또한, 단식은 각 개인에게 맡겨야 하고, 또 모든 종류의 음식도 자유롭게 선택할 수 있어야 합니다. 복음서도 이렇게 말하고 있는 바입니다(마 15:11). 로마에 있는 그 고상한 분들은 단식을 비웃기조차 하고, 우리를 자신들의 구두에도 바르지 않을 기름을 먹는 평민으로 여기며, 그런 후에는 그들은 우리에게 버터와 모든 종류의 음식을 먹을 자유를 팝니다. 사도 바울은, 복음이 이미 우리에게 그 모든 것들에 있어서의 자유를 주었다고 말하고 있습니다(고전 10:23; 골 2:16). 그러나 그들은 우리를 자신들의 교회법으로 묶어 놓고, 우리에게서 우리의 권리를 강탈했습니다. 그리하여 우리는 돈으로 우리의 권리를 다시 사야만 하는 것입니다. 그렇게 함으로써 그들은 우리의 양심을 너무나 겁이 많고 두려워하도록 만들어 버렸고, 그래서 이런 종류의 자유에 관해서 설교를 하는 것은 더 이상 쉽지 않습니다. 왜냐하면 보통 사람들은 그것을 불쾌하게 여기고 또 버터를 먹는 것이 거짓말하고 맹세하기보다 또는 무절제하게 사는 것보다도 더 큰 죄라고 생각하기 때문입니다. 그런 것은 사람에 의해 선포된 사람이 만든 것일 뿐입니다. 사람이 스스로가 원하는 것을 그런 것을 통해 할 수 있지만, 그러나 그것으로부터 선한 것이라고는 아무것도 나올 수가 없을 것입니다.

숲속에 있는 작은 예배당과 들판에 있는 교회들은 허물어 버려야 합니다. 가령 최근에 순례지가 되었던 곳들로 빌스낙(Wilsnack), 슈테른베르크(Sternberg), 트리어(Trier), 그림멘탈(Grimmenthal), 오늘날의 레겐스부르크(Regensburg), 그리고 다른 많은 지역의 교회들입니다. 아, 얼마나 끔찍하고 버거운 액수가 이 사악한 기만을 가능하게 하며, 이득을 보는 주교들에 의해 주어지고 있습니까! 그들은 그런 것을 막아야 할 우선적 의무가 있는 사람들이지만, 오히려 그 모든 것을 경건하고 거룩한 것으로서 간주하고 있답니다. 그들은 그 모든 것 뒤에 악마가 있어, 탐욕을 강화시키고, 그릇되고 허구적인 믿음을 만들어내며, 마을 교회들을 약화시키고, 여관과 매춘 행위를 증대시키고, 돈을 잃게 만들고, 일하는 시간을 쓸데없이 보내게 하고, 평신도들을 완전히 쥐고 흔들고자 한다는 것을 알지 못합니다. 그들이 그 지겨운 교회법뿐만 아니라 성경을 읽었다면, 어떻게 이런 문제를 처리해야 할지를 알 것입니다!

이 장소들에서 일어나는 기적들은 아무것도 아닌 것으로 드러납니다. 왜냐하면 악한 영도 기적을 일으키기 때문입니다. 그리스도께서 마태복음 24장에서 우리에게 말씀하신 바와 같습니다(마 24:24). 만약 그들이 그 문제를 진지하게 취급하고 이런 종류의 것을 금지한다면, 그 기적들은 금방 종식될 것입니다. 그러나 그것이 하나님에 의한 것이라면, 그들을 금지해봤자 아무 소용이 없을 것입니다. 만약 그것이 하나님으로부터 나온 것이 아니라는 다른 증거가 없는 경우라면, 사람들이 가축 떼마냥 마치 모든 이성을 잃은 듯이 기적들을 향해 한달음에 달려오는 사실로도 충분한 증거가 될 것입니다. 그 기적이 하나님에 의한 것이라면 사람들은 그런 반응을 보일 수 없을 것입니다. 게다가 하나님께서는 이런 모든 것에 관해 어떤 명도 주시지 않으셨습니다. 그렇게 행함으로써 그것이 순종이나 공로가 될 근거가 없습니다. 해야 할 것은 대담하게 조치를 취하고 사람들을 보호하는 것입니다. 왜냐하면 명해지지 않았던 것, 그리고 하나님께서 명하시는 것 너머로 행해진 것은 무엇이든지 악마가 행한 것이기 때문입니다. 불리한 점으로 본다면, 본당 교회들은 더한 취약점을 갖습니다. 간단히 말하자면, 그 모든 것들은 사람들 가운데 있는 커다란 불신앙의 표시입니다. 왜냐하면 그들이 정말로 신앙을 가지고 있다면, 그들은 자신들이 몸담기로 명해진 그들 자신의 본당 교회 안에서 자신들에게 필요한 모든 것을 발견할 것이기 때문입니다.

그러나 제가 지금 뭐라고 말할 수 있겠습니까? 각 주교가 생각하는 것은 오로지 그가 어떻게 그런 성지 순례 장소를 자신의 교구 안에 설정하고 유지할 수 있을까에 관해서입니다. 그는 사람들이 제대로 믿고 살아가는 것에는 전혀 관심이 없습니다. 다스리고 이끄는 사람들과 그런 이들의 신자들은 그저 같을 뿐입니다. 소경이 소경을 이끌고 있습니다(눅 6:39). 사실, 성지 순례가 인기를 얻지 못하는 곳에서는 주교들은 성인 시성화를 위한 일에 착수합니다. 이는 거룩한 사람들을 공경하기 위함이 아니라—사실 그들은 시성화되지 않아도 충분히 공경을 받습니다—군중을 끌어들이고 돈을 벌어들이기 위함입니다. 이 때 교황과 주교들은 도움을 줍니다. 순례는 면벌부 발행을 퍼붓습니다. 이런 것에는 항상 돈이 넘쳐납니다. 그러나 아무도 하나님께서 명하셨던 것에 대해서는 걱정하지 않습니다. 아무도 이런 것을 뒤쫓지 않습니다. 그런 것을 위해서는 아무도 돈을 갖고 있지 않습니다. 우리는 얼마나 눈먼 사람들입니까! 우리는 악마에게 그의 나쁜 짓에 대한 자유로운 고삐를 맡길 뿐만 아니라, 또한 그의 악행을 강화시키고 증대하기조차 합니다. 성인들은 평화로이 머물고, 소박한 사람들은 잘못 인도되지 않기를 바랍니다! 교황에게 성인 시성을 행하는 권한을 어떤 영이 부여했습니까? 어떤 이들이 성인이고, 또는 아니라는 것을 누가 그에게 말합니까? 하나님을 부추기지 않고도, 그분의 판단을 방해하지 않고도, 돈을 벌기 위해 공경할 성인들을 바람잡이로서 세우지 않고도, 이 세상에는 충분한 죄가 있지 않습니까?

저의 충고는 성인들이 스스로를 시성하도록 내버려 두자는 것입니다. 참으로 그들을 시성해야 할 분은 하나님뿐이십니다. 모든 사람은 그 자신의 본당 안에 머물러야 합니다. 거기에서 그는 모든 성지안에서보다—그 성지들은 합쳐서 하나로 만들어도—더 많은 거룩한 사람들을 발견하게 될 것입니다. 우리는 우리 자신의 본당에서 세례와 성사와 설교, 우리의 이웃을 발견하는데 이런 것들은 하늘에 있는 모든 성인들보다도 더 위대합니다. 왜냐하면 그 모든 것들은 하나님의 말씀과 성사에 의해 '성인들'로 만들어졌습니다. 우리가 그런 훌륭한 것들을 그렇게 작게 여기는 한, 하나님께서는 몹시 노하시어 우리를 정죄하심에 있어서, 악마가 원하는 대로 우리를 이끌도록 허락하십니다. 악마는 우리를 성지 순례로 이끌고, 교회와 예배당을 세우며, 성인을 만들어내고, 그런 어리석은 다른 행위들을 함으로써, 우리로 하여금 참된 신앙을 버리고 새롭고 그릇된 종류의 신앙으로 옮겨가도록 합니다. 이것이 오래전에 악마가 이스라엘 사람들에게 했던 것으로서, 악마는 이스라엘 사람들을 예루살렘 성전으로부터 수없이 많은 다른 장소로 빗나가게 유인했습니다. 그러나 악마는 하나님의 이름 안에서 거룩함의 구실 아래서 그 모든 것을 했습니다. 모든 예언자들은 그런 것에 맞서서 설교를 했고, 그리하여 순교를 당했습니다. 그러나 오늘날은 아무도 그런 것을 거슬러서 설교하지 않습니다. 만약 누군가가 그렇게 한다면, 아마도 주교와 교황, 사제와 수도사가 또한 그런 사람을 순교자로 만들 것입니다. 플로렌스의 성 안토니우스(Antonius of Florence, 1389-1459)와 어떤 다른 사람들은 오늘날 성인으로 추대되고 시성되었는데 그렇게 함으로써 그들의 거룩함이 명성과 돈을 나르기 위해 사용될 수 있도록 하는 것입니다. 그렇지 않다면 그런 분들의 거룩함은 오로지 하나님께 영광을 드리는 데에 바쳐질 것이고, 또 좋은 모범으로서 세워질 터인데 말입니다.

비록 성인 시성이 이전 시대에는 선한 것일 수 있었지만, 오늘날은 분명히 좋은 관습이 결코 될 수 없습니다. 이전에 좋은 구실을 했던 다른 많은 것들처럼, 여러 기념 축제일, 교회의 보유 자산들, 장식들은 이제 불미스럽고 역겹게 되었습니다. 왜냐하면 성인 시성을 통하여 오늘날 하나님의 영광도 또한 그리스도인들의 개선도 추구되지 않고, 오로지 돈과 명성만이 추구되기 때문입니다. 한 교회는 다른 교회보다 유리한 처지에 있기를 원하고, 또 다른 교회가 공동으로 그런 유익을 누리는 것을 달가워하지 않습니다. 영적인 보화들조차 이 악한 마지막 시대에서는 세속의 것들을 얻기 위하여 오용되어 왔고, 따라서 모든 것은, 심지어 하나님조차도, 탐욕의 도구가 되도록 강요되어 왔습니다. 그런 이점은 오직 분파와 종파, 그리고 교만만을 조장합니다. 다른 교회들보다 유리한 점을 가진 교회는 다른 교회들을 업신여기고 스스로를 높입니다. 그러나 모든 신적 보화들은 모두에게 공동으로 소유되는 것이고, 모든 이를 위한 것이며, "일치"라는 대의를 촉진해야 합니다. 그러나 교황은 현재의 상태를 좋아합니다. 만약 모든 그리스도인들이 평등하고 서로 협력한다면, 교황은 그런 것을 좋아하지 않을 것입니다.

교회의 모든 허가증과 교서, 그리고 속임수 행위에 전념하는 로마의 그 장소에서 교황이 팔고 있는 다른 모든 것들을 폐지하고 무시해야 합니다. 아니면 모든 사람들에게까지 그 혜택이 미치도록 해야 한다고 말하는 것이 이제

적절한 때입니다. 만약 그가 특별 허가증과 혜택, 면벌부와 유예기간, 이익과 비범한 능력들을 비텐베르크, 할레, 베니스에, 또한 무엇보다도 그 자신의 도시인 로마에 팔거나 준다면, 왜 그는 그런 것들을 모든 교회에게 일반적으로 주지 않습니까? 그의 직권 안에서 모든 그리스도인들을 위하여 모든 것을 너그럽게 행하고, 또 하나님을 위하여 목숨을 바치기조차 하는 것이 그가 해야 할 일이 아닙니까?

그렇다면 말해 보십시오. 왜 그는 한 교회에는 주거나 팔면서 다른 교회에는 그렇지 않습니까? 아니면 교황 성하의 눈에는 그 저주받은 돈이, 동일한 세례와 말씀과 신앙, 그리스도와 하나님, 그리고 그 외 모든 것을 공유하는 모든 그리스도인들 가운데 그토록 큰 차이를 만들어야만 하는 것입니까? 그 로마교도들은, 우리가 볼 수 있는 눈이 있는데도 그런 것들에 눈 멀게 되기를 원하고, 또 우리가 완벽하게 훌륭한 이성 기관을 소유하고 있는데도 바보가 되기를 원하면서, 우리가 그런 욕심과 속임수와 가면을 숭배하도록 의도합니까? 교황은, 우리가 돈이 있는 한에서만 우리의 목자이고, 그 외는 목자가 아닙니다. 여전히 그 로마교도들은 그들의 교서를 통해서 우리를 여기저기로 끌고 다니는 그런 파렴치의 행동에 대해 부끄러워하지 않습니다. 그들은 오직 저주받은 돈에만 관심이 있고, 다른 것은 돌보지 않습니다!

저의 충고는 이러합니다. 만약 그런 어리석은 일이 철폐될 수 없다면, 그때 모든 품위 있는 그리스도인들은 눈을 떠서, 자신들이 그자들의 교서와 날인과 모든 화려한 쇼에 의해 잘못 인도되는 것을 허용하지 않아야 합니다. 각 그리스도인은 고향에 있는 자신의 본당 교회에 머물면서 그 자신의 세례와 복음과 신앙으로, 또한 그리스도와 모든 곳에서 동일한 분으로 계시는 하나님과 함께 누구 못지않게 만족해야 합니다. 교황은 눈먼 이들의 눈먼 지도자로 남아 있도록 합시다. 천사도 또한 교황도 우리 각자의 본당 교회를 통해서 하나님께서 우리에게 주시는 것만큼 우리에게 줄 수가 없습니다. 사실인즉, 교황은 하나님께서 값없이 우리에게 주시는 선물을, 우리가 돈을 내야만 하는 그의 선물로 유인합니다. 그는 우리에게 황금 대신에 납을, 고기 대신에 가죽을, 증여금 대신에 거짓말을, 꿀 대신에 왁스를, 약속된 것 대신에 말만을, 영 대신에 문자를 줍니다. 우리는 이 모든 것을 우리의 목전에서 보는데도, 사물을 분간할 수 있게 되기를 거부합니다. 만약 우리가 교황의 밀랍을 타고, 양피지를 타고 하늘로 가려고 한다면, 이 병거는 곧 부수어져 우리는 하나님께로 가는 것이 아니라 지옥으로 떨어질 것입니다!

다음과 같은 것이 우리의 분명한 지침이 되어야 합니다. 즉, 우리가 교황으로부터 돈을 주고 사야 하는 것은 무엇이든지 선한 것도 아니고, 또 하나님으로부터 오는 것도 아닙니다. 왜냐하면 하나님께서 주시는 것은 값이 없이 주어질 뿐만 아니라, 또한 온 세상은 그 선물을 무상의 것으로서 기꺼이 받으려고 하지 않는다면 벌을 받고 비난받을 것이기 때문입니다. 저는 복음과 하나님의 과업을 말하고 있습니다. 하나님께서 우리가 잘못 인도되도록 내버려 두심은 우리에게 마땅합니다. 왜냐하면 우리는 그분의 거룩한 말씀과 세례의 은혜를 멸시했기 때문입니다. 사도 바울도 이렇게 말하고 있습니다. "하나님께서 구원에 대한 진리를 믿지 않는 사람들에게 미혹의 역사를 보내사 거짓 것을 믿게 하심이라"(살후 2:11-12). 이것은 그들에게 마땅한 것입니다.

가장 긴급한 필요들 중 하나는 전체 그리스도교계에 걸쳐서 모든 구걸 행위를 폐지하는 일입니다. 그리스도인들 가운데 누구도 구걸하며 다니지 않아야 합니다. 우리가 가난한 사람들을 돌볼 용기와 의향을 가지고 있기만 한다면,

각 도시가 그 안에 있는 가난한 사람들을 돌보아야 한다는 취지의 법을 만든다는 것은 매우 간단한 문제이기조차 할 것입니다. 외부로부터 오는 어떤 걸인도, 그가 스스로를 순례자라고 부르든 또는 그가 탁발 수도사이든지 관계없이, 그 도시로 들어오도록 허락하지 말아야 합니다. 각 도시가 그 안의 가난한 사람들을 지원하되, 만약 그 도시가 너무 작은 규모라면 주변 마을들에 사는 사람들도 협조하도록 촉구해야 합니다. 왜냐하면 어쨌든 일반 사람들은, 탁발하는 수도사라고 자칭되는 너무나 많은 유랑자들과 사악한 사람들을 먹여야 하기 때문입니다. 이런 방식을 통해 누가 정말로 가난하고, 또 누가 그렇지 않은지를 또한 알 수 있을 것입니다.

  도시에는 모든 가난한 사람들에 대해 파악하고 있는 감독관이나 관리인이 있어서 그들로 하여금 시의회나 성직자들에게 필요한 것을 알리도록 해야 할 것입니다. 아니면 더 나은 다른 방식이 만들어질 수도 있습니다. 저의 견해에 의하면, 구걸하는 행위에서 보이는 바와 같은, 그런 정도의 속임수와 사기가 자행되는 다른 일은 없습니다. 그러나 그런 것도 모두 쉽게 폐지될 수 있습니다. 더욱이, 제한을 받지 않고 보편적으로 행해지는 구걸은 일반 사람들에게 해를 끼칩니다. 제가 계산을 해보니, 5-6개의 탁발수도회들[43]로부터 각 수도사가 동일한 장소를 매년 6-7번 이상을 방문합니다. 이 수도사들 이외에도 보통의 걸인들, 일종의 떠돌아다니는 걸인들, 성지들을 전전하는 걸인들이 있습니다. 그리하여 통산하면 하나의 마을이 한 해에 60번의 자선을 해야 한답니다! 이런 것은 세속 정부가 지방세와 국세의 형식으로 요구하는 것과는 별도의 항목입니다. 또한 교황청이 그것이 내놓는 상품의 대가로 가져가 목적 없이 허비하는 돈도 계산되지 않았습니다. 제가 생각하기에, 우리가 여전히 계속 살아가면서 우리 자신을 부양하기 위해 필요한 수단을 찾을 수 있다는 것은 하나님께서 행하시는 위대한 기적들 가운데 하나입니다!

어떤 이들은 생각하기를, 만약 위와 같은 제안들이 받아들여진다면 가난한 사람들이 잘 돌보아지지 않을 것이고, 보다 적은 수의 석조 수도원들이 세워질 것이고 잘 갖추어지지도 못할 것이라고 합니다. 저도 그렇게 생각합니다. 그러나 그 부족한 것들이 필수적으로 채워져야 하는 것들은 아닙니다. 가난을 선택한 사람은 부유해져서는 안 됩니

---

43. 프란치스코 수도회, 도미니쿠스 수도회, 아우구스티누스 수도회, 갈멜 수도회, 마리아의 종 수도회를 지칭한다.

다. 만약 그가 부자가 되기를 원한다면, 그는 손에 쟁기를 쥐고 땅에서 부를 구해야 합니다. 가난한 사람들이 친절하게 돌보아지고, 그래서 그들이 배고픔이나 추위로 인해 죽지 않는다면 그것으로 충분합니다. 한 사람이 다른 사람의 노동에 의존하여 게으르게 살거나, 또는 다른 사람의 고생이라는 대가를 치르고서 부자가 되고 편안하게 사는 것은 옳지 않습니다. 현재의 비정상적인 관행에 의해 이루어진 상황을 반영하듯이, 성 바울도 이렇게 말합니다. "누구든지 일하기 싫어하거든 먹지도 말게 하라"(살후 3:10). 하나님께서는 그 누가 다른 사람의 재산에 의존하여 살아나가리라고 선포하지 않으셨습니다. 오직 예외가 되는 사람은, 본당 교회를 돌보면서 설교하는 직무를 맡은 성직자입니다. 성 바울이 고린도전서 9장에서 말하는 대로, 이런 사람들은 자신의 영적인 노동의 대가에서 그렇게 할 수 있습니다(고전 9:14). 또한 그리스도께서도 사도들에게, "일꾼이 그 삯을 받는 것이 마땅하니라"(눅 10:7)고 말씀하십니다.

교회나 수도원에서 제공되는 수많은 미사들은 별로 도움이 안 될 뿐만 아니라, 또한 하나님의 큰 분노를 일으킨다는 것을 또한 걱정해야 합니다. 그러므로 이 미사들을 더 늘리지 않고 오히려 이미 봉헌되는 많은 수의 미사를 폐지하는 것이 유익할 것입니다. 미사는 세례와 고해성사와 같이, 성사를 받는 사람에게만 유익하고 다른 사람에 대해서는 그렇지 않은 성례인데, 그런 미사가 오직 희생제사이며 선행으로서 간주되고 있습니다. 오늘날은 또한 산 이와 죽은 이를 위하여 드리는 미사의 관습이 슬그머니 시작되었고, 이를 바탕으로 모든 희망이 쌓아 올려지고 있습니다. 이것이 왜 그렇게 많은 미사들이 드려지는지에 대한 이유이고, 또한 우리가 주변에서 보는 많은 상황들이 전개되어 온 이유입니다.

아마도 저의 제안은, 만약 어떤 미사들이 폐지되면 자신의 직업과 생계수단을 잃어버리게 되지 않을지를 염려하는 사람들에게는 특별히 너무나 대담한 전대미문의 일이 될 것입니다. 저는, 우리가 미사가 무엇인지 그리고 그것의 목적이 무엇인지에 대한 적절한 이해에 다시 도달할 때까지는 그것에 관해서 좀 더 말하는 것을 삼가야 할 것입니다. 불행하게도 오랜 세월 동안 미사는 하나의 일, 곧 생계수단의 한 방법이 되어 왔습니다. 그러므로 이제 저는, 어떤 사람이 그가 미사를 거행한다는 것이 무엇을 의미하는지에 대해 미리 잘 알고 있지 않는다면, 사제나 수도사가 되기보다는 양치기 또는 어떤 종류의 일꾼이 될 것을 충고

하렵니다.

그러나 제가 지금, 의심할 여지 없이 귀족들의 후손들을 위하여 설립되었던 옛날 종교기관과 대성당부설학교에 관해서 말하고 있는 것이 아닙니다. 독일 관습에 따르면, 귀족의 자녀 모두가 지주나 통치자가 되는 것이 아닙니다. 그래서 많은 귀족의 자녀들이 그러한 성당부설기관에서 돌보아지고 또 거기에서 자유롭게 하나님을 섬기고 공부하여, 교육받은 사람으로 또한 교육자로 양성되도록 의도되었습니다. 제가 지금 말씀드리고 있는 것은 새로운 기관, 곧 오직 기도와 미사를 드리기 위해 설립되었던 기관입니다. 이것 때문에 이전의 오래된 기관은 같은 종류의 기도와 미사를 봉헌한다는 것에 부담이 지워졌고 그리하여 거의 쓸모가 없게 되었습니다. 그리하여 그것들이 합당하게도 마침내 바닥을 치게 된 것은 하나님의 은혜입니다. 다시 말해서, 그들은 찬송가 가수들, 오르간 반주자들로 낮추어졌고, 또한 기부금으로부터 수입을 얻고 또 그것을 사용하기 위해서 퇴폐적이고 그저 그런 미사들을 읊조려 왔습니다. 교황과 주교들, 또한 대학의 학자들은 이런 것들을 검토해야 하고, 또한 그런 것들에 관해서 기록해야 합니다. 그럼에도 불구하고 그런 것들을 가장 조장하는 사람들이 바로 그들입니다. 그들은 돈이 되는 것은 무엇이든지 계속해서 진행합니다. 소경이 소경을 이끌고 있습니다(눅 6:39). 탐욕과 교회법이 성취하는 것이 이런것입니다.

더 이상 한 개인이 하나의 성당 참사회원직이나 하나의 유급 성직보다 더 많은 자리를 보유하는 것은 허용되지 말아야 합니다. 각 개인은 보통의 자리에 만족해야 하고, 그래서 다른 사람이 자리를 또한 가질 수 있도록 해야 합니다. 이렇게 함으로써 어떤 자들이 적절한 신분을 유지하기 위해서 하나 이상의 자리를 보유해야만 한다고 말하면서 변명하는 것을 없앨 수 있을 것입니다. 한 사람의 적절한 신분이란 너무도 광범위한 범위 안에서 해석될 수 있으므로, 온 나라도 그것을 유지하기 위해서 충분하지 않을 것입니다. 탐욕과 하나님을 신뢰함에 대한 은밀한 결여는 이런 문제에서 손을 잡고 함께 나아가고, 그리하여 적절한 신분을 요구하는 주장은 탐욕과 불신앙 외에 다름이 아니랍니다.

형제회들[44] 그리고 그것과 함께 따라오는 특권들, 면벌

---

44. 형제회들은 16세기에 번창했다. 각 형제회 구성원들은 특정 기도문을 외우거나 특정 미사에 참석하는 의무가 있었으며, 모든 선행으로부터 생기는 유익에 참여했고, 또한 일반적으로 특정한 면죄를 부여받았다. 1519년, 루터는 형제회에 관한 견해를 그의 글, 〈거룩하고 참된 그리스도 몸의 복된 성사 그리고 형제회들(*The Blessed Sacrament of the Holy and True Body of Christ, and the Brotherhoods*)〉에서 자세하게 설명하였다.

부, 식품에 관한 허가서, 미사 증서, 특별 허가, 그 외 모든 그런 종류에 해당하는 것은 소멸되어 종식되어야 합니다. 이런 것들에는 그 어떤 선함도 없습니다. 만약 교황이 우리에게 버터를 먹고 미사에 불참할 수 있는 등의 특별 허가를 부여할 수 있는 권한을 가지고 있다면, 그는 또한 이런 권한을 사제들에게 위임할 수 있어야만 합니다. 그는 사제들에게서 그것을 취하여 자신이 우선적으로 사용할 권리가 없습니다. 저는 특히, 특권과 미사와 선행들이 배분되는 형제회들에 관해서 말하고 있습니다. 친애하는 벗들이시여, 여러분들이 받은 세례를 통해 여러분은 그리스도와, 모든 천사들과 성인들과, 세상의 모든 그리스도인들과의 형제적 유대 속으로 들어 왔습니다. 이런 것을 굳게 잡고, 그것이 명하는 바를 실천하십시오. 그러면 여러분은 각자가 원하는 모든 형제회들을 갖게 됩니다. 다른 형제회들이 그것들이 의도하는 대로 빛을 내도록 하십시오. 그리스도 안에서 갖게 되는 참된 형제적 유대와 비교할 때, 그 형제회들은 1굴덴에 비교되는 1페니짜리와도 같습니다. 그러나 만약 어떤 형제회가 가난하고 궁핍한 사람들을 먹이고 돕기 위해서 돈을 모은다면, 그것은 좋은 생각일 것입니다. 그런 것들로써 회원들은 하늘에서 특권과 공로를 발견할 것입니다. 그러나 오늘날 탐식과 술 취함을 제외하면 아무것도 이 단체들로부터 나오는 것이 없답니다.

무엇보다도 먼저 우리는 독일 영토로부터 교황의 사절단들과 그들이 엄청난 액수의 돈으로 우리에게 판 특권들을 쫓아버려야 합니다. 이 거래는 속임수에 지나지 않습니다. 예를 들어서, 그들은 돈을 받고서 불의함을 의로움으로 만들고, 서약과 맹세, 합의를 해체시키고 그렇게 함으로써 우리가 정식으로 약속했던 신앙과 충성서약을 파기하도록 우리를 가르치고 타락시킵니다. 그들은 교황이 이런 것을 할 권한을 가지고 있다고 주장합니다. 그자들로 하여금 이런 것을 말하도록 말하는 이는 바로 악마입니다. 그자들은 우리에게 사탄의 가르침을 판매하고 돈을 취합니다. 그리하여 그들은 우리에게 죄를 가르치고, 또 우리를 지옥으로 인도하고 있습니다.

만약 교황이 진짜 적그리스도임을 증명할 다른 사악한 사기가 없다면, 다음과 같은 것이 그것을 증명하기에 충분할 것입니다.

들으소서, 오 교황이여, 모든 이들 가운데 가장 거룩한 분이 아니고 모든 이들 가운데 가장 죄 많은 분이시여! 하나님께서는 하늘에서 당신의 권좌를 곧 파멸하고, 그것을 지옥의 나락으로 가라앉게 하실 것입니다! 누가 당신에게 스스로를 하나님보다 위로 격상시키고, 그분의 계명을 파기하고 헐겁게 하며, 그리스도인들, 특히 고귀함과 항상성과 충성심에 있어서 긴 역사를 통해 칭송되는 독일 민족에게 변덕스러운 자, 위증자, 배반자, 사치하며 신실하지 못한 자들이 되도록 가르치는 권한을 주었습니까? 하나님께서는 우리가 적에 대해서조차 말과 신의를 지킬 것을 명하셨습니다. 그러나 당신은 자기 마음대로 그분의 계명을 느슨하게 하도록 결정했고, 대신 당신의 이단적이고 반-그리스도교적인 교령 안에서 당신이 그분의 권능을 지닌다고 정해 버렸습니다. 따라서 당신의 목소리와 펜을 통해서 사악한 사탄은 전에는 결코 행해지지 않았던 방식으로 거짓말을 합니다. 당신은 성경이 당신의 바람에 맞도록 억지로 만들고, 또 그것을 왜곡시킵니다. 오, 나의 주님 그리스도시여, 굽어살피시어 심판 날이 닥쳐와 로마에 있는 악마들의 소굴을 파괴하소서. 거기에는 성 바울이 다음과 같이 말했던 사람이 앉아 있습니다. "그는 모든 것 위에 자기를 높이고 하나님의 성전에 앉아 자기를 하나님이라고 내세우느니라 그는 불법의 사람 곧 멸망의 아들이니라"(살후 2:4). 그저 죄와 사악함을 가르치고 증가시키는 일 외에 다른 무엇이 교황의 영향력입니까? 교황의 권세는 겉보기로 당신의 승인을 얻어 당신의 이름 안에서 영혼들을 오직 지옥으로만 인도하는 데 사용됩니다.

옛날에 이스라엘의 후손들은 부지불식간에 속아서 적인 기브온 사람들에게 주었던 서약을 지켜야만 했습니다(수 9:3-21). 또한 시드기야 왕은, 그가 바벨론 왕에게 했던 서약을 깨버린 것 때문에, 그의 모든 백성과 함께 비참하게 멸망했습니다(왕하 24:20-25:7). 우리 자신의 역사에서 보면, 백 년 전, 헝가리와 폴란드의 훌륭한 왕인 라슬로(Ladislaus III, 재위 1424-1444)는 수많은 그의 백성들과 함께 오스만인들에 의해서 비극적으로 살해당했습니다. 왜냐하면 그는 교황의 특사와 추기경에 의해 잘못 인도되어서 그가 오스만 제국과 맺었던 유리한 조약과 엄숙한 협정을 파기했기 때문이었습니다.[45] 신심이 깊었던 황제 지기스문트(Sigismund, 재위 1419-1437)는 콘스탄츠 공의회 후에 그가 (로마교도) 악당들로 하여금, 요한 후스(Johannes Hus)와 제롬에게[46] 주어졌던 약속을 파기하도록 허락했을 때, 더 이상 성공적으로

---

45. 오스만제국의 평화협정은 1443년에 맺어졌다. 교황의 특사인 케사리니(Caesarini)는 그 협정을 지키는 것에 있어서 라슬로가 책임이 없다고 선언했다. 그리하여 라슬로는 전쟁을 재개했고 1444년에 패했다.
46. 루터가 여기서 프라하의 제롬을 언급한 것은 실수이다.

활동할 수가 없었습니다. 보헤미아 사람들과 우리 사이의 모든 골칫거리들은 여기에서부터 유래합니다.

우리 당대에서조차—하나님이여 우리를 도우소서!—얼마나 많은 그리스도인들의 피가, 교황 율리우스 2세(Julius II)가 막시밀리안 황제(Maximilian I)와 프랑스의 루이 12세 왕(Louis XII) 사이에 체결하게 하였던 서약과 동맹(1508년), 그리고 나중에 그것이 파기된 것 때문에, 흘려졌습니까! 교황들이 그들의 사악한 주제넘음으로 강력한 제후들 사이에서 체결된 서약과 선서들을 무효로 만들어 버리고, 이것들을 비웃으며, 또한 이런 것과 관련해서 돈을 챙기면서 일어났던 모든 문제들을 제가 어떻게 다 말할 수 있겠습니까? 심판의 날이 목전에 닥치기를 저는 바랍니다. 되어가는 일들은 교황청이 촉진시키고 있는 상황들보다는 더 나쁠 수가 없습니다. 교황은 하나님의 계명을 억누르고 자신의 것을 높이 세웁니다. 만약 그가 적그리스도가 아니라면, 대체 누구인지 누가 제게 말해 보십시오! 그러나 이에 대해서는 다른 기회에 좀 더 말하겠습니다.

보헤미아의 논의들을 배우면서 그런 것을 진지하고 성실하게 다루어야 할 때가 무르익었습니다. 우리는 그들과 이해가 성립되기에 이르러야 하고, 그리하여 양쪽 간에 발생하는 끔찍한 비방과 증오, 시기를 끝내야 합니다. 저의 어리석음에 걸맞게 제가, 저보다 더 잘 이 경우를 이해하고 있을 여러분들에 대한 합당한 존중과 함께, 이 주제에 대한 의견을 제시하는 첫 번째 사람이 될까 합니다.

첫째, 우리는 정직하게 진실을 고백하고, 우리 자신을 정당화하기를 중단해야 합니다. 우리는 요한 후스와 프라하의 제롬(Jerome of Prague)이 콘스탄츠에서, 그들의 안전통행에 대한 교황과 그리스도인들, 또한 제국의 약속과 선서에 반하여 화형에 처해졌다는 것을 보헤미아인들에게 인정해 주어야 합니다. 이것은 하나님의 계명을 거슬러서 일어났고, 또한 보헤미아인들에게 그들의 통한에 대한 충분한 원인을 제공했습니다. 비록 그들이 그리스도인들로서 완벽하게 행동했어야 했고, 한편 그들이 그 심각한 불의와 그 사람들이 저지른 하나님께 대한 불순종으로 고통을 겪어야 했지만, 그들이 그런 일을 용서해야만 할 의무가 없으며, 또 그것을 공정한 것으로 인정해야만 하는 것도 아닙니다. 지금까지도 그들은 제국과 교황과 그리스도교인들의 약속을 깨트리고 그 약속에 반해서 일을 처리한 것이 올바르다고 인정하느니 차라리 목숨을 포기할 것입니다. 그렇다면, 비록 보헤미안인들이 성급함을 보였던 것은 잘못이지만, 그러나 콘스탄츠 공의회에 이어졌던 그 모든 비극과 오류들, 또한 잃어버린 영혼들에 대해 훨씬 더한 책임을 져야 하는 쪽은 교황과 그의 추종자들입니다.

  요한 후스의 조항들에 대해 제가 여기서 판단을 내리거나, 그의 오류를 변호하지는 않겠습니다. 비록 저의 견해에 의거해서 볼 때 제가 아직까지는 그의 글에서 어떤 오류를 찾을 수가 없었지만 말입니다. 제가 굳게 믿는 것은, 그 안전통행권 약속을 어기고 또 신의 없는 배반으로 하나님의 계명을 어겼던 그자들은 공정한 판단이나 정직한 선고를 내리지 않았다는 것입니다. 의심할 여지 없이 그들은 성령보다는 악한 영에 의해 보다 많이 사로잡혀 있었습니다. 그 누구도 성령은 하나님의 계명에 반하여 행동하지 않는다는 것을 의심하지 않을 것이고, 또한 그 누구도 선한 믿음과 안전 통행의 약속에 대한 위반이 하나님의 계명에 반대된다는 것을 알지 못할 정도로 무지하지 않습니다. 그들이, 그저 이단적이라는 것은 말할 것도 없고, 바로 악마와 약속이 되었을지라도 말입니다. 또한 그런 약속이 요한 후스와 보헤미아인들에게 되어졌는데 지켜지지 않았다는 것, 그리고 그 결과 후스가 화형을 당했다는 것도 매우 분명합니다. 그러나 제가 요한 후스를 성인이나 순교자로 만들기를—어떤 보헤미아인들이 그러하듯이—원하는 것이 아닙니다. 다만 저는 불의가 그에게 행해졌고, 또한 그의 책과 가르침이 부당하게 정죄되었음을 인정하는 것입니다. 하나님의 심판은 은밀하고 두려운 것이기에, 하나님만을 제외하고는 어느 누구도 감히 그 심판을 드러내거나 표현해서는 안 됩니다.

  제가 말하고자 하는 것은 오로지 이런 것입니다. 요한 후스가 나쁜 이단자일 가능성도 있다고 하겠으나, 그럼에도 불구하고, 그가 하나님의 계명에 대한 위반 안에서 부당하게 화형당했다는 것입니다. 더욱이 보헤미아인들은 그런 행동을 승인하도록 강요되어서는 안 된다는 것입니다. 그렇지 않으면 우리는 결코 어떤 일치를 이룰 수가 없을 것입니다. 완고함이 아닌, 진실에 대한 열린 시인만이 우리를 하나로 만들 것입니다. 그 당시에 변명되어졌던 대로, 이단에게 주어진 안전통행에 대한 약속은 지켜질 필요가 없다고 주장하는 것은 아무런 소용이 없습니다. 이것은 마치 하나님의 계명을 지키기 위해서 하나님의 계명을 깨트릴 수 있다고 말하는 것과도 같습니다. 악마는 로마교도들을 정신 이상으로 또 어리석게 만들었고, 그래서 그들은 자신들이 무엇을 말하고 행했는지를 알지 못했습니다. 하나님께서는 안전통행 약속을 지키라고 우리에게 명하셨습니다. 우리는 온 세상이 무너지더라도 그런 명을 지켜야 합니다. 그렇다면 한 이단자를 자유롭게 해주는 문제뿐일 때는 얼마나 더 하겠습니까! 고대의 교부들이 그러하였듯이, 우리는 이단들을 불로써가 아닌, 책으로써 극복해야 합니다. 만약 이단자들을 불로 격파하는 것이 지혜라면, 그 교수형 집행인들은 세상에서 가장 박식한 학자들이었을 것입니다. 힘으로 다른 이를 이기는 사람은 그를 화형에 처할 권리도 지니게 될 것이기 때문에, 우리는 더 이상 책을 공부할 필요가 없을 것입니다.

둘째, 황제와 제후들은 참으로 경건하고 분별력 있는 주교와 학자들을 보헤미아인들에게 보내야 합니다. 어떤 이유에서도 그들에게 추기경이나 교황 사절이나 종교재판관을 보내서는 안 됩니다. 왜냐하면 그런 공직자들은 그리스도교적인 것들에 있어서 아주 밝지가 못하기 때문입니다. 그들은 영혼을 구원하기를 추구하지 않고, 교황의 모든 심복들과도 같이 오로지 그들 자신의 세력, 이익, 특권만을 좇습니다. 사실 바로 이 사람들이 콘스탄츠에서 일어났던 그 불행한 사건에서 활동했던 주역들이었답니다. 보헤미아로 보내지는 사람들은 보헤미아인들로부터, 그들의 믿음과 관련한 것들이 어떤 상황에 있는지, 그리고 그들의 모든 분파들을 통합하는 일이 가능한지 아닌지에 관한 것을 알아내야 합니다.[47] 이 경우에 교황은 영혼을 구원하기 위한 목적으로 잠시 그의 권위를 사용하여야 하고, 또한 참으로 그리스도교적이었던 니케아 공의회의 교서에 따라서 보헤미아인들이 프라하의 대주교를 그들 내부에서 스스로 선정하도록 허락해야 합니다. 그러고서는 그 대주교 선정자가 모라비아에 있는 올무츠의 주교나 헝가리에 있는 그란의 주교, 또는 폴란드에 있는 그네즈노의 주교나 독일에 있는 막데부르크의 주교에 의해서 확증되도록 해야 합니다. 카르타고의 주교 키프리아누스(Cyprianus, 재위 249-258) 당시의 관습에서처럼, 그가 이들 중 한두 사람에 의해 확증되는 것으로 충분할 것입니다. 교황은 이런 과정을 반대할 권한이 없습니다. 만약 그가 반대한다면, 그는 이리처럼 또한 폭군처럼 행동하는 것이겠습니다. 누구도 그에게 순종해서는 안 되고, 그의 금지령으로 하여금 그에 맞서는 금지령을 직면하도록 해야 합니다.

그러나 만약 베드로의 권좌에 경의를 표하여 이것을 교

---

47. 후스의 죽음 이후로 보헤미아에서는 그의 가르침과 관련한 다양하고 수많은 운동들이 발전했고, 이는 정치적, 교회적 혼란을 초래했다.

황의 동의와 함께 행하도록 요청된다면, 그것이 그 방식대로 행하도록 하십시오. 그것이 보헤미아인들에게 어떤 비용도 부담 지우지 않는 조건으로, 또한 교황이 그들을 아주 작은 의무조항 아래에도 두지 않고, 폭압적인 서약과 선서를 통해 그들을 묶지 않는다는 조건에서 말입니다. 사실 그는 하나님과 정의를 거슬러 모든 주교들에게 그렇게 행하고 있습니다. 만약 그가 자신의 동의가 요청되는 영예로 만족하지 않는다면, 사람들이 더 이상 교황이나 그의 권한, 법, 폭압에 방해받지 않도록 합시다. 그들 스스로 선출하는 것으로 만족할 수 있고 또한 이런 상황을 통해 위험에 처한 모든 영혼들의 피가 그를 거슬러 부르짖을 수도 있습니다. 그릇된 것에 누구도 동의를 해서는 안 됩니다. 폭압에 대해서도 정중함을 보였다는 것으로 충분할 것입니다. 만약 달리 방법이 없다면, 일반 사람들의 선거와 승인 자체가 한 폭군에 의한 확증과 아주 동등하게 유효합니다. 비록 그런 것이 필연적이지 않기를 바라지만 말입니다. 언제가 일부 로마교도들이나 좋은 주교들과 학자들 일부가 교황의 폭압을 주목하며 그것을 물리치게 될 것입니다.

저는 또한 보헤미아인들이 양종성찬식[당시 성찬식에서 일반 신자에게는 빵과 포도주 중 빵만 주었으나 후스는 일반인에게도 성직자와 마

^{찬가지로 빵과 포도주를 다 주어야 한다고 주장했다}]을 폐지하도록 강요하지 않을 것을 조언하려고 합니다. 왜냐하면 그 관습은 비그리스도교적이거나 이단적이지도 않기 때문입니다. 만약 그들이 원한다면, 그들이 해왔던 방식으로 계속 행하도록 허용해야 합니다. 그러나 새 주교는 그런 의식 때문에 불화가 일어나지 않도록 주의해야 합니다. 그는 양종성찬식이나 빵만의 성찬식 모두가 그릇된 것이 아님을 사람들에게 부드럽게 가르쳐야 합니다. 성직자가 옷을 입거나 살아가는 방식에서 평신도와 다르다는 것이 알력을 일으켜서는 안 되듯이 말입니다. 같은 방식으로, 만약 보헤미아인들이 로마의 교회법을 받아들이려 하지 않는다면, 그들에게 그것을 강요해서는 안 됩니다. 다만 가장 중요한 관심은, 그들이 신앙 안에서 또한 성경에 따라서 신실하게 사는 것이 되어야 합니다. 왜냐하면 그리스도교 신앙과 삶은 견딜 수 없는 교황의 법이 없어도 잘 존재할 수 있기 때문입니다. 사실 그 법의 극소수만이 남거나 아니면 그 법 전체가 폐지되지 않는 한, 그리스도교 신앙은 합당하게 존재할 수가 없습니다. 세례를 통해 우리는 자유롭게 되었고, 또한 하나님의 말씀에만 종속되었습니다. 왜 우리가 사람의 말에 의해서 구속되어야 합니까? 성 바울도 이렇게 말

하고 있습니다. "그리스도께서 우리를 자유롭게 하려고 자유를 주셨으니, 사람들의 종이 되지 말라"(갈 5:1; 고전 7:23).

피카르의 사람들이,[48] 성찬에서 빵과 포도주가 그 자연 본성대로 존재하되 그것들에는 그리스도의 몸과 피가 참으로 현존한다고 믿는 것 이외에는 성찬례에 관해서 다른 오류를 주장하지 않는다는 것을 제가 안다면, 저는 그들을 정죄하지 않아야 할 것입니다. 다만 그들이 프라하의 주교의 지도를 받으면 될 것입니다. 왜냐하면 성찬례 안에서 빵과 포도주가 그 자연 본성대로 남아 있지 않다는 것은 믿을 교리가 아니고, 다만 성 토마스 아퀴나스(St. Thomas Apuinas)와 교황의 견해이기 때문입니다. 다른 한편, 그리스도의 진짜 몸과 피가 그 실제 빵과 포도주 안에 현존한다는 것은 신앙의 조항입니다. 그렇다면, 그 다른 의견들이 합의에 이를 때까지, 우리는 양쪽 입장을 수용해야 합니다. 왜냐하면 빵과 포도주가 성찬 안에 있다고 믿든지 또는 그렇지 않다고 믿든지, 그런 것 안에는 어떤 위험도 없기 때문입니다. 우리는 신앙에 해롭지 않은 것이라면 모든 종류의 관행과 조례들을 수용해야 하기 때문입니다. 한편 만약

---

48. "피카르(Pichard)"는 "베가르(Beghard)"라는 남자 베긴회 수도사의 이름을 변형하여 조롱의 대상을 일컫는 말이다. 즉, 피카르의 사람들은 보헤미아인들의 형제회인 후스파(A Hussite sect)를 일컫는다.

그들이 다르게 믿는다면, 저는 차라리 그들을 [교회] 바깥 사람들로서 생각할 것입니다. 그럼에도 불구하고 저는 그들에게 진리를 가르칠 것이지만 말입니다.

어떤 다른 오류와 종파 분립이 보헤미아에서 발견되더라도 그런 것들은 대주교가 회복되고, 또한 점차적으로 모든 사람을 하나의 공통된 가르침 안에서 다시 모을 때까지 수용되어야 합니다. 그들은 분명히 물리력이나 싸움을 거는 도전이나 성급함에 의해서는 결코 통합되지 않을 것입니다. 인내와 온유함이 여기서 요구됩니다. 그리스도께서도 제자들과 오래 머무르시면서 그들이 당신의 부활을 믿을 때까지 오랫동안 그들의 불신앙을 견디셔야만 하지 않으셨습니까? 보헤미아인들이 로마교도들의 폭압 없이, 정상적으로 주교와 교회 행정을 다시 갖게 될 때만 상황이 곧 나아지게 되리라고 저는 확신합니다.

이전에 교회에 속했던 세속적 재산의 복구가 너무 엄격하게 요구되어서는 안 됩니다. 우리는 그리스도인들이고 각각은 다른 사람들을 도울 의무가 있기 때문에, 우리는 통합을 위하여 그들에게 그런 것들을 주고, 또한 그들이 하나님과 세상 앞에서 그런 것들을 보유하도록 허용할 온전한 권한을 가집니다. 왜냐하면 그리스도께서 이렇게 말씀하시기 때문입니다. "너희 중의 두 사람이 땅에서 합심하여 … 모인 곳에는 나도 그들 중에 있느니라"(마 18:19-20). 하나님께 비오니, 양 진영에서 우리가 서로에게 형제애와 겸손의 손을 뻗어가면서 이 일치를 향해 일하여 가기를! 사랑은 로마에 있는 교황권보다 더 위대하고 또 더 필요합니다. 교황권은 사랑이 결여되어 있고, 사랑은 교황권 없이도 존재할 수 있습니다.

이상으로 이 목적을 위하여 제가 저의 최선을 다했기를 바랍니다. 만약 교황이나 그의 지지자들이 그것을 방해한다면, 그들은 하나님의 사랑을 거슬러서, 자신들이 이웃들의 유익보다는 그들 자신의 유익을 추구한 것에 대한 해명을 제시해야 할 것입니다. 만약 교황이 그의 교황권과 모든 그의 소유와 영예를 포기함으로써 한 영혼이라도 구원할 수 있다면, 그는 그렇게 행해야 합니다. 그러나 오늘날 그는 자신의 주제넘은 권위의 한 털끝이라도 내어놓기보다는 차라리 온 세상이 멸망되도록 할 것입니다. 그럼에도 불구하고 그는 가장 거룩한 이가 되기를 원합니다! 그런 것과 함께 저의 책임은 끝난다고 하겠습니다.

대학들 또한 상당히 철저한 개혁을 필요로 하고 있습니다. 그것이 어떤 사람을 귀찮게 하든지 관계없이, 저는 이것을 말해야 합니다. 교황이 설립하고 명했던 모든 것은 오직 죄와 오류를 증가시키는 데 기여합니다. 대학들이 지금까지의 모습으로부터 완전히 변하지 않는다면, 마카베오서가 '그리스적 삶의 양식 안에서 젊은이들을 양성하는 장소'(마카베오2서 4:9)라고 부르는 것과 대학이 다른 것이 무엇이겠습니까? 대학이라는 곳이 단지 느슨한 생활 방식이 답습되고, 성경과 그리스도교 신앙에 관해서는 거의 가르치지 않으면서, 오직 눈멀고 이교적인 선생 아리스토텔레스가 그리스도보다 훨씬 더 영향을 미치는 곳이 아니라면 무엇이란 말입니까? 이 점에 있어서 저의 조언은, 아리스토텔레스의 《물리학(Physics)》, 《형이상학(Metaphysics)》, 《영혼에 관하여(Concerning the Soul)》, 《윤리학(Ethics)》, 곧 지금까지 최고의 그의 저서로 여겨져 왔던 이 책들을 나머지 그가 쓴 모든 책들과 함께 완전히 폐기해야 한다는 것입니다. 그 책들은 자연에 관하여 떠벌리고 있지만, 그것들로부터 자연이나 영혼에 관해서 아무것도 배울 수가 없습니다. 게다가 그 누구도 아직 그를 이해하지 못했고, 또한 수많은 영혼들이 너무나 소중한 시간을 들여가면서 결실 없는 수고와 연구를 걸머지고 있습니다. 어떤 도공일지라도 이 책들 안에 쓰인 것보다 더 많은 자연에 관한 지식을 가지고 있다고 저는 감히 말할 수 있습니다. 이 저주받을 우쭐대는 무뢰한의 이교도가 그의 혼란시키는 글들을 통해 헤아릴 수 없이 많은 훌륭한 그리스도인들을 현혹시키고 바보로 만들어 왔다는 것이 저를 사무치게 슬프게 합니다. 하나님 께서는 우리의 죄 때문에 우리에게 그를 역병으로 보내셨습니다.

어찌하여, 이 진절머리 나는 친구는 그의 최고의 책인 《영혼에 관하여》에서, 영혼이 몸과 함께 죽는다고 가르치고 있습니까? 많은 사람이 그의 명성을 구하기 위하여 성공을 하지는 못했지만 노력하기는 했습니다. 마치 우리가 성경을 가지고 있지 않은 듯이 그가 가르치고 있지만, 성경을 통해서 우리는 모든 것에 관해서 충분히 가르침을 받고 있습니다. 한편 아리스토텔레스는 그런 것들에 관해서 아주 희미한 실마리도 갖고 있지 않답니다! 그럼에도 불구하고 이 죽은 이교도는 살아계신 하나님의 책들을 이겼고 가로막았으며, 그것들을 억누르는 데에 거의 성공했습니다. 제가 이 비참한 일에 관해서 생각할 때 제가 믿을 수 있는 것이라고는, 악마가 이 연구를 도입했다는 것입니다.

동일한 이유로 윤리학에 관한 그의 책은 모든 책들 가운데 최악이랍니다. 그것은 하나님의 은혜와 모든 그리스도교적 덕들을 단호하게 반대하고 있는데, 그럼에도 불구하고 그것은 그의 최고의 작품들 가운데 하나로 간주되고 있습니다. 그런 책들을 쫓아내십시오! 그것들을 그리스도인들로부터 멀리 떨어지게 하십시오. 친애하는 벗들이시여, 저는 제가 무엇을 말하고 있는지를 압니다. 저는 여러분과 같은 사람들뿐만 아니라 '저의 아리스토텔레스'도 알고 있습니다. 저는 그에 관해서 강의를 해왔고, 또한 강의를 들어 왔답니다. 그리고 저는 성 토마스 아퀴나스나 둔스 스코투스(Duns Scotus, 약 1265-1308)보다 더 잘 아리스토텔레스를 이해합니다. 저는 교만하지 않게 이것에 관해서 자랑할 수 있습니다. 만약 필요하다면, 저는 그것을 증명할 수도 있습니다. 그토록 수많은 위대한 지성들이 그 오랜 세월 동안 그들의 연구를 그에게 바쳤음이 제게는 문제가 되지 않는답니다. 그런 반대들이 한때는 저를 산만하게 했으나, 이제는 그렇지 않습니다. 왜냐하면 이 세상과 대학들 안에서 수백 년 동안 더 많은 오류들이 존재해 왔다는 것이 대낮처럼 분명하기 때문입니다.

저는 아리스토텔레스의 책들 가운데, 《논리학(Logic)》, 《수사학(Rhetoric)》, 《시학(Poetics)》을 곁에 두는 것, 또는 적어도 그것들을 요약한 형태로 보관하며 사용하는 것에는 흔쾌히 동의할 것입니다. 그 책들은 젊은이들이 적절하게 말하고 설교하는 것을 훈련시키는 데에 유용합니다. 그러나 그것들에 관한 해설과 주석들은 파기되어야 합니다. 키케로의 수사학이 해설과 주석 없이 읽히듯이, 아리스토텔레스의 논리학도 또한 그 모든 해설서들 없이 그냥 그 자체로 읽혀야 합니다. 그러나 오늘날 그 누구도 그것으로부터 말하는 법이나 설교하는 법을 배우지 않습니다. 모든 것은 그저 논쟁을 위한 문제와 육체에 대한 피로가 되었을 뿐입니다.

물론 이 모든 것들 외에도 수학과 역사뿐만 아니라 라틴어, 그리스어, 히브리어가 있습니다. 그러나 저는 이것들에 대해서는 전문가들에게 맡깁니다. 사실 오직 우리가 그것을 진지하게 다룰 때만이 개혁이 이루어질 것입니다. 실제로 상당히 많은 것이 그것에 달려 있습니다. 왜냐하면 그리스도계의 미래가 놓여 있는 그리스도인 젊은이들과 귀족들이 교육되고 훈련되는 곳은 바로 이곳 대학이기 때문입니다. 그러므로 대학들의 철저한 개혁보다 교황과 황제에게 더 어울리는 일은 없다고 저는 믿습니다. 또한 개혁되지 않는 대학보다 더 사악하고 비참한 것은 있을 수가 없답니다.

저는 의학계의 개혁은 의학자들에게 맡깁니다. 제가 저의 책임으로 떠맡을 수 있는 것은 법률가와 신학자로서의 분야입니다. 우선적으로 제가 말해야 할 것은, 교회법이 완전히, 첫 번째 글자로부터 마지막 것까지, 특별히 교황의 교령집이 제거되는 것이 좋으리라는 것입니다. 우리가 모든 상황 속에서 어떻게 행동해야 할지에 관한 것은 성경에 기록된 것으로써 충분하고도 남습니다. 교회법 연구는 오직 성경에 관한 연구를 방해할 뿐입니다. 게다가 교회법의 보다 많은 부분에서는 탐욕과 오만의 기미만이 보입니다. 그 안에는 좋은 내용이 많이 있다고 할지라도, 그런 것도 소멸되어야 합니다. 왜냐하면 교황은 교회법 전체가 "그 자신의 마음의 보관소(Scrinium pectoris)"⁴⁹ 안에 감금되도록 해놓았으니, 그에 따라 교회법을 공부한다는 것은 그저 시간 낭비이며 하나의 소극이 될 뿐이기 때문입니다. 오늘날 교회법은 그저 법전 안에 기록된 것이 아닌, 교황과 그의 아첨꾼들이 원하는 모든 것들입니다. 우리의 어떤 대의명분은 빈틈없이 교회법 안에 자리를 잡을 수 있지만, 교황은 항상 그런 내용에서도 그 자신의 마음의 보관소를 갖

---

49. 교황 보니파키우스 8세(재위 1294-1303)는, "로마 교황은 모든 법을 그 자신의 마음의 보관소 안에 지니고 있다"라고 말했다. 이 진술은 교회법 안에 포함되었으니, 그것은 교황이 교회법에 대한 권한을 주장할 수 있음을 뜻한다.

는답니다. 그리하여 모든 법 조항과 온 세상은 그 보관소를 통해 인도되어야 합니다. 오늘날 이것은 종종 악당, 심지어 악마 자신이기도 합니다. 악마가 그 보관소를 다스리지만, 교황과 그의 아첨꾼들은 그것을 다스리는 주체가 바로 성령이라고 자랑스럽게 뽐냅니다. 이런 방식으로 그들은 그리스도의 가련한 백성을 다룹니다. 그들은 그리스도인들에게 많은 법을 부과하면서, 그들 스스로는 어떤 법도 따르지 않습니다. 그들은 다른 사람들이 이 법에 순종하도록 강요하고, 또는 돈으로 해결책을 사라고 합니다.

그러면서 교황과 그의 추종자들은 자기 자신들에 관한 한, 전체 교회법을 중단시키기 때문에, 또한 그들은 그것에 주의를 기울이지 않고 다만 그들 자신의 방탕한 뜻에만 생각을 쏟기 때문에, 우리는 그들이 하는 대로 이 법전들을 버려야 합니다. 우리가 왜 그런 것을 연구하면서 우리 시간을 허비해야 합니까? 이제는 교회법 자체가 교황이 되어버린, 임의적인 뜻을 우리는 결코 헤아릴 수가 없답니다. 교회법이 악마의 이름 안에서 일어섰으므로, 이제 하나님의 이름으로 그것이 소멸되도록 합시다. 세상에 더 이상 "법령의 박사들"이 없고, 다만 "교황 마음의 보관소에 관한 박사들," 다시 말해 위선적 교황주의자들만이 있도록 합시다! 항간의 말에 따르면, 이 세상 어디에서도 터키인들 안에서보다 더 나은 세속적 통치를 볼 수가 없다고 합니다. 그들이 가진 것은 영적인 법도 아니고 세속적 법도 아니며, 다만 코란입니다. 우리가 인정하지 않으면 안 되는 것은, 영적인 법과 세속적 법을 가진 우리의 것보다 더 수치스러운 통치가 없다는 것입니다. 그 법은 상식에 따라 살아가는 사람을 낳지 않았으니, 하물며 성경에 따라서 사는 사람은 더 말할 것도 없습니다.

우리의 세속법은 황무지가 되어 왔습니다. 하나님이여 우리를 도우소서! 비록 그것이, 허울만 좋지 아무런 선함도 지니지 않은 영적인 법보다야 훨씬 더 낫고 지혜롭고 정직하지만, 그럼에도 불구하고 너무나 많은 세속법이 있습니다. 분명히 현명한 통치자가 성경과 나란히 가는 한, 그것으로 충분한 법이 될 것입니다. 성 바울도 고린도전서 6장에서 이렇게 말하고 있습니다. "너희 가운데 그 형제간의 일을 판단할 만한 지혜 있는 자가 이같이 하나도 없느냐 형제가 형제와 더불어 고발할뿐더러 믿지 아니하는 자들 앞에서 하느냐"(고전 6:5-6). 제가 생각하기에, 각 나라의 관습과 관례가 일반적인 전체 제국의 법보다 우선순위를 취해야 하고, 오직 필요한 경우에만 그 제국의 법이 적용되어야 합니다. 부디 하나님께서, 각 나라가 그 자신의 장점과 특성에 적합한 고유한 법에 의해 다스려지도록 해 주시길 빕니다. 제국의 법이 고안되기 전에는 바로 그런 법에 의해 나라들이 다스려졌습니다. 한편 아직도 많은 나라들이 제국의 법 없이 통치되고 있습니다! 장황하고 억지스러운 법률들은 사람들에게 짐이 될 뿐이어서, 그들을 돕기보다는 오히려 더 방해합니다. 이미 다른 사람들이 이런 문제에 대해 제가 할 수 있는 것보다 더한 생각과 관심을 가졌기를 바랍니다.

우리의 친애하는 신학자들은 이런 것을 걱정하고 행동하기를 스스로 피해 왔습니다. 그들은 그저 성서를 따로 내버려 두고 오직 《명제집》[50]을 읽기만 합니다. 이전에는 젊은 신학생들이 처음에 《명제집》으로 공부를 시작하고 성경은 박사들에게 맡겨두었어야 했습니다. 오늘날은 반대로 돌아갑니다. 성경은 처음에 하는 공부 과목이 되고, 그 뒤 학사 학위를 받고 나면 성경은 무시됩니다. 《명제집》은 맨 나중에 공부하게 되고, 그리하여 박사들의 남은 생애를 차지하게 됩니다. 이 《명제집》에는 매우 엄숙한 약속

---

50. 피터 롬바르드(Peter Lombard)의 "Sentences"를 말한다. 이 작품은 12세기 중엽부터 종교개혁 당시까지 모든 교회 가르침에 대한 해석의 기초가 되었었다.

이 부과되며, 그리하여 사제가 아닌 사람이 성경에 관해 강의를 잘 할 수 있어도 《명제집》에 대해서는 사제만이 가르칠 수 있습니다. 제가 알고 있는 한, 결혼한 사람은 성경학 박사가 충분히 될 수 있지만, 어떤 경우에서도 《명제집》에 관한 박사가 될 수 없습니다. 우리가 이렇게 잘못된 행동을 하고 거룩한 하나님의 말씀인 성경에 말석을 내어 주면서, 어떻게 잘 될 수 있겠습니까? 엎친 데 덮친 격으로 교황은, 자신의 교령이 학교에서 연구되고 법원에서 사용되도록 가장 강경한 어조로 명령합니다. 반면 복음에는 거의 관심이 없습니다. 결과적으로 복음은 학교에서 또 법원에서 무시된 채 방치됩니다. 복음은 판사들로부터 치워지고 먼지만 그 위에 쌓일 뿐이고, 그리하여 교황의 가증스러운 법만이 온통 지배하게 됩니다.

우리가 성경 교사라는 직함을 가진다면, 그때 이 기준에 의해서 우리는 다른 무엇이 아닌, 바로 성경을 가르치도록 강력하게 규정되어야 합니다. 비록 우리 모두가, 이 고귀한 직함이 인간에게는 너무나 격상된 것이어서, 그가 그것을 통해 자부심을 갖고 또한 자신이 성경학 박사라고 지칭되도록 함이 너무 황송한 일이라는 것을 알지만 말입니다. 그러나 그의 가르침이 그 자리에 합당하면, 그 직함이 허용되어야 합니다. 그러나 오늘날 《명제집》만이 너무나 지배적이어서, 우리는 신학자들 가운데서 성경에 관한 거룩하고 분명한 가르침을 발견하기보다는, 이교도적이고 인본주의적인 어둠을 더 많이 보게 됩니다. 이런 것과 관련하여 우리가 무엇을 해야 합니까? 하나님께 그런 참된 신학 박사들을 우리에게 허락해 주시기를 겸손하게 기도하는 것 이외에 다른 방법을 저는 알지 못합니다. 교황과 황제, 그리고 대학들은 문학 박사, 의학 박사, 법학 박사, 명제집 박사를 만들어 낼 수 있습니다. 그러나 하늘로부터의 성령을 제외하면 그 누구도 성경학 박사를 만들 수 없음을 확실하게 아십시오. 그리스도께서도 요한복음 6장에서, "그들이 다 하나님의 가르치심을 받으리라"(요 6:45)라고 말씀하십니다. 성령께서는 빨간 모자인지 또는 갈색 모자인지를[51] 또는 다른 외적인 장식에 대해 묻지 않으십니다. 그분은 또한 그 사람이 젊은지 나이 들었는지, 평신도인지 성직자인지, 수도사인지 속세인인지, 결혼을 했는지 안 했는지를 묻지 않으십니다. 사실 고대에 그분께서는 나귀를 타고 있었던 예언자를 반대하여 그 나귀를 통해 말씀하셨

---

51. 박사 교수들이 쓴 사각모자(biretta)를 가리킨다. 빨간 모자는 신학을 나타내는 색이고, 갈색 모자는 인문학을 나타내는 색이다.

습니다(민 22:28). 하나님께 비오니, 우리가 우리에게 주시는 성경학 박사들을, 그들이 평신도든지 성직자든지, 또는 결혼을 했든지 독신인지와 관계없이, 갖기에 합당하게 되기를! 오늘날 그들은, 성령께서 그들 안에 있다는 어떤 작은 표지나 암시도 없는데도, 성령을 억지로 교황, 주교, 박사들에게로 끌어들이려고 합니다.

신학에 관한 책은 그 수에서 감소하여야 하고, 오직 가장 우수한 책만이 출판되어야 합니다. 사람들을 조예가 깊도록 만드는 것은 많은 책도 아니고, 또한 독서도 아닙니다. 그러나 사람이 성경과 경건함에 있어서 많이 교육되도록 만드는 것은 그가 여러 번 읽는 한 권의 좋은 책―그것이 얼마나 작은 책인지에 관계없이―입니다. 우리는 거룩한 교부들의 글들을 또한 이따금씩 읽어서, 그것들을 통해 성경으로 인도될 수 있도록 해야 할 것입니다. 그러나 지금 실정으로는 우리는 성경을 더 깊이 연구하기를 피하기 위하여서만 교부들의 글들을 읽습니다. 우리는 마치 이정표를 바라보면서 그것이 가리키는 길을 결코 걸어가지 않는 사람들과도 같다고 하겠습니다. 우리의 훌륭한 교부들은 자신들의 글들을 통해 우리를 성경으로 이끌기를 원했습니다. 그러나 우리는 그들 작품을 성경으로부터 벗어나기 위한 목적으로 사용하고 있습니다. 그렇다고 할지라도, 성경 홀로 우리가 그 안에서 열심히 일하고 수고해야 할 우리의 포도원입니다.

무엇보다도 대학과 기타 학교에 있는 모든 사람에게 있어서 가장 중요한 읽기 자료는 성경이 되어야 합니다. 소년들에게 있어서는 복음서들이 좋습니다. 또한 하나님께 기도하건대, 각 마을에 소녀들을 위한 학교도 생겨서 그곳에서 소녀들이 매일 한 시간씩 독일어 복음서나 라틴어 복음서를 배울 수 있기를 청합니다! 참으로 학교 말입니다! 오래전에 수도원과 수녀원들은 마음속에 이 목적을 가지고 시작되었습니다. 그것은 높이 살만하고 그리스도교적인 의도였습니다. 우리는 이런 것에 대해서 성 아그네스의 이야기와 다른 성인들의 이야기들을 통해 알게 됩니다. 거룩한 동정 남녀와 순교자들의 시대에 온 세상의 그리스도교는 모든 것이 좋았습니다. 그러나 오늘날 수도원들은 단지 기도하고 성가를 부르는 곳으로만 변해 버렸습니다. 모든 그리스도교인이 아홉 살이나 열 살 무렵에는 복음서 전체를 아는 것이 마땅하지 않습니까? 그가 복음서로부터 자신의 이름과 생명을 얻지 않습니까? 실 잣는 사람이나 재봉사들은 딸들이 어릴 때부터 자신의 기술을 딸들에게 가르칩니다. 그러나 오늘날은 그 위대하고 박식한 고위 성직자들과 주교들조차도 복음을 알지 못합니다.

아, 우리는 훈련과 교육을 위하여 우리에게 맡겨진 불쌍한 젊은이들을 잘못된 방식으로 이끌고 있습니다! 우리는 그들 앞에 하나님의 말씀을 세워두는 일에 있어서 우리가 소홀했던 것에 대해 엄숙한 설명을 해야만 할 것입니다. 그들의 운명은 예레미야애가서 2장에 이렇게 묘사되고 있습니다. "내 눈이 눈물에 상하며 내 창자가 끊어지며 내 간이 땅에 쏟아졌으니 이는 딸 내 백성이 패망하여 어린 자녀와 젖 먹는 아이들이 성읍 길거리에 기절함이로다 그들이 성읍 길거리에서 상한 자처럼 기절하여 그의 어머니들의 품에서 혼이 떠날 때에 어머니들에게 이르기를 곡식과 포도주가 어디 있느냐 하도다"(애 2:11-12). 우리는 이런 비참한 악, 곧 어떻게 오늘날 온 세상 그리스도계의 젊은이들이 우리 가운데서 복음의 결핍으로 말미암아 처참하게 약화되고 멸망해 가는지를 알지 못하고 있습니다. 우리는 바로 복음 안에서 그들을 끊임없이 교육하고 훈련해야만 하는 것입니다.

더욱이 대학들이 설령 성경을 가르치는 데에 부지런하다고 할지라도, 오늘날 우리가 하듯이, 대학에 모든 젊은이를 보낼 필요는 없습니다. 오늘날 대학들의 관심은 오로지 숫자이며 모두 박사학위를 얻는 데에만 열중하고 있습니다. 우리는 하급학교 과정에서 잘 양성된 가장 우수한 학생들만을 대학에 보내야 합니다. 제후, 또는 시의회는 이런 것을 주의하여 자격이 있는 학생들만을 대학에 보내도록 해야 합니다. 성경이 최고의 자리에 서 있지 못한 학교에는 자녀를 보내지 말 것을 저는 조언하고자 합니다. 하나님의 말씀에 대한 공부를 계속하여 추구하지 않는 모든 학교 기관은 변질되게 마련입니다. 이런 이유로 우리는, 학생들이 대학을 통해서 어떤 종류의 사람들이 되는지, 또한 현재는 어떠한지를 알 수가 있습니다. 이 일에 책임이 있는 사람은 다름 아니라 바로 교황과 주교, 기타 다른 고위 성직자들로서, 그들이 모두 젊은이를 양성하고 있습니다. 대학들이 해야 할 일은 바로 성경 전문가들을 생산해 내는 것입니다. 그런 성경 전문가들이 주교와 사제가 되어, 이단자와 악마, 나아가 온 세상에 대항하여 최전선에 서 있을 수 있습니다. 그러나 우리가 지금 어디에서 그런 것을 찾을 수 있습니까? 제가 크게 걱정하는 것은, 대학들이 성경을 성실하게 가르치고 젊은 학생들에게 성경 말씀을 강하게 새겨두지 않는 한, 그 기관들은 지옥으로 가는 넓은 문이 되지 않을까 하는 것입니다.

교황이 어떻게 동방의 황제로부터 신성로마제국을 쟁취하였고, 그것을 독일인들에게 수여하였으며, 그리하여 그 제국에서 교황이 왜 공경과 공납금을 받을 자격이 있고, 또 독일인들로부터 복종과 감사 등 모든 좋은 것들을 얻어 왔는지에 대해, 교황과 그 무리가 주장하고 자랑할 것임을 저는 충분히 잘 알고 있습니다. 이런 이유로 그들은 아마도 그들 자신을 각 방면에서 개혁하려는 모든 노력을 내동댕이치는 일에 착수할 것입니다. 그리고 우리가 어떤 다른 것을 생각하지 않고, 오직 신성로마제국의 증여만을 주목하도록 할 것입니다. 이런 이유 때문에 그들은 많은 훌륭한 황제들을 매우 의도적으로 또 오만하게 박해하고 억눌러 왔으니, 이는 말하기조차 망신스럽답니다. 또한 동일한 간교함으로써 복음에 반하여 그들은 스스로를 모든 세속 권력과 권위에 대한 지배자로 만들었습니다. 그러므로 저는 이것에 관해서도 말해야 하겠습니다.

참된 로마 제국은 예언자들의 글에서 예언된 바 있는데(민 24:17-19; 단 2:44), 이 제국은 무너져 멸망된 지 오래되었음이 의심의 여지가 없습니다. 이는 발람이 민수기 24장에서 다음과 같이 말했을 때에 분명히 예언되었습니다. "깃

딤 해변에서 배들이 와서 앗수르를 학대하며 에벨을 괴롭힐 것이나 그도 멸망하리로다"(민 24:24).[52] 이것은 고트족의 치세 아래에서 발생했는데[53], 그러나 보다 특별하게는, 거의 천 년 전 무슬림 제국이 일어났을 당시였습니다. 그 후에는 마침내 아시아와 아프리카가 몰락했고, 이윽고 프랑스와 스페인도 쇠퇴했습니다. 마지막으로는 베니스가 발흥했고, 로마는 이전의 세력을 다 잃게 되었습니다.

교황이 자신의 오만한 뜻을 이루고자 동방의 그리스 사람들과 수도 콘스탄티노플에 있는 황제―당시 세습된 로마 황제―를 진압시킬 수가 없자, 그는 작은 계략을 써서 그 로마 황제로부터 [동로마]제국과 황제의 직함을 강탈했고, 그러고서 그것을 그 당시 호전적이고도 좋은 평판을 받고 있었던 독일인들에게 넘겼습니다. 그렇게 함으로써, 그 교황 세력들은 로마 제국의 권세를 자신들의 통제하에 두었고, 그에 따라 제국을 직접 분할할 수 있었습니다. 이런 일들이 발생했었던 것입니다. 로마 제국은 콘스탄티노플에 있는 황제로부터 찬탈되었고, 제국의 그 이름과 황제

---

52. 루터는 여기서 불가타 성서를 따르고 있는데, 이 구절을 다음과 같이 해석하고 있다. "로마인들이 와서 유대인들을 무너뜨릴 것이다. 그 후 그들도 또한 멸망될 것이다(Es werden die Romer kommen und die Juden verstoren: und hernach werden sie auch untergehen)."
53. 로마는 410년에 서고트족에 의해 약탈당했다.

의 칭호는 우리 독일 사람들에게로 부여되었습니다. 이 일을 통해, 우리는 교황의 신하가 되었습니다. 교황이 독일 사람들 위에 세운 제2의 로마 제국이 생긴 것입니다. 제가 말했듯이, 첫 번째인 이전의 로마 제국은 멸망한 지 오래입니다.

이렇듯이 교황 세력은 바라던 것을 얻었습니다. 그 세력은 로마를 손아귀에 넣었고, 독일 황제를 몰아내어, 그가 로마에 거주하지 못하도록 서약으로 맹세하게 했습니다. 그는 로마 황제가 되는 것이나, 그럼에도 불구하고 로마를 손에 넣을 수가 없는 것입니다. 그 외에도, 그는 교황과 그의 지지세력에 의존하게 되었으며, 그들이 기꺼이 허용하는 범위 안에서 움직일 수 있는 것입니다. 우리가 칭호를 가지고 있다면, 그들은 그 영토와 도시를 가지고 있습니다. 그들은 항상 그들 자신의 오만하고 폭압적인 계획을 이루기 위해서 우리의 순박함을 오용하여 왔습니다. 그들은 우리를 어리석은 독일인으로 부릅니다. 왜냐하면 그들이 원하는 대로, 그들이 우리를 바보로 취급하도록 내버려 두기 때문입니다.

좋습니다! 하나님께서 제국과 공국을 여기저기 던져 버리시는 것은 사소한 일입니다. 하나님께서는 매우 관대하시기 때문에, 때로는 사악하고 불충실한 사람들의 배반에 의해 또한 때로는 상속에 의해서, 이따금 한 왕국을 비열한 악당에게 주시고, 또한 선한 사람으로부터 한 왕국을 거두시기도 합니다. 이런 것이 우리가 페르시아와 그리스 왕국들에 관해서, 나아가 거의 모든 왕국들에 관해서 읽게 되는 것입니다. 다니엘서에도, 하늘에서 계시며 모든 것을 다스리시는 하나님께서 홀로 "왕들을 폐하시고 왕들을 세우시도다"(단 2:21)라고 말합니다. 왜냐하면 누구도, 특히 그리스도인은 그에게 주어진 왕국을 갖는다는 것을 매우 굉장한 일로 생각하지 않기 때문에, 우리 독일인들 또한 새로운 로마 제국이 우리에게 주어졌다고 해서 정신을 가누지 못할 필요는 없습니다. 왜냐하면 하나님의 눈으로 볼 때, 이것은 그저 하찮은 선물, 곧 그분께서 종종 가장 보잘것없는 이에게 주시는 선물이기 때문입니다. 다니엘서 4장에서도 다음과 같이 언급됩니다. "그분께서는 땅의 모든 사람들을 없는 것 같이 여기시며…그는 자기 뜻대로 행하시나니 사람들의 모든 나라 안에서 당신께서 원하시는 이들에게 줄 권세를 가지고 계시도다"(단 4:35).

비록 교황이 실제 황제로부터 로마 제국을 강탈하기 위해서, 즉 로마 제국이라는 명칭을 강탈하기 위해서 폭력과 불의한 수단을 사용하기는 했고 그리하여 그것을 우리 독일인들에게 주었지만, 그럼에도 불구하고 확실한 것은, 하나님께서 그런 하나의 제국을 독일 민족에게 주시기 위해서 또한 첫 번째 로마 제국의 멸망 후에 다른 로마 제국, 곧 현재 존재하는 제국을 세우시기 위해서 교황의 사악함을 사용하셨다는 것입니다. 비록 우리가 교황들의 이런 사악함과는 아무런 관계가 없고, 또한 우리는 그들의 거짓된 목표와 의도를 알지 못했지만, 그럼에도 불구하고 우리는 그런 제국에 대해 너무나 비싸게 비극적으로 그 대가를 치렀습니다. 막대한 유혈사태를 통해, 우리의 자유에 대한 억압을 통해, 우리가 소유한 모든 것, 특히 우리의 교회와 유급 성직을 위태롭게 하고 도둑질을 당함으로써, 그리고 말로 다 할 수 없는 기만과 모욕을 당함을 통해서 말입니다. 우리가 제국의 칭호를 갖게 되었으나, 우리의 부와 영예, 몸과 생명과 영혼, 또한 우리에게 속하는 모든 것을 갖는 이는 바로 교황입니다. 이것이 그들이 독일인들을 기만하고 또한 술책으로 우롱하는 방법입니다. 교황들이 흔쾌히 추구했던 것은 황제가 되는 것이었고, 한편 그들이 이것을 성취할 수 없었을 때, 적어도 그들은 스스로를 황제들 위에 세움으로써 성공을 거두었습니다.

악한 사람들의 음모에 의해서뿐만 아니라 하나님의 섭리에 의해서 제국이 우리에게 주어졌던 것이고 우리에게는 잘못이 없기에, 저는 우리가 그것을 포기할 것을 조언하지는 않을 것입니다. 오히려 제가 제안하는 것은, 우리가 이 제국을 다스리는 것이 하나님을 기쁘시게 하는 한, 그분께 대한 경외심 안에서 지혜롭게 그것을 다스리자는 것입니다. 왜냐하면, 이미 언급했듯이, 제국이 어디로부터 유래하는지에 관한 것은 그분께 문제가 되지 않기 때문입니다. 그분의 뜻은 그것이 정당하게 다스려지는 것입니다. 비록 교황들은 다른 사람들로부터 그것을 빼앗았기 때문에 잘못되었지만, 우리는 그것을 받았기 때문에 그릇되지 않았습니다. 그것은 하나님의 뜻에 의해서 악한 사람들을 통해서 우리에게 주어졌습니다. 우리가 관심을 갖는 것은 교황들의 사악한 의도라기보다는 하나님의 뜻입니다. 그들이 우리에게 그것을 주었을 때 그들의 의도는 황제가 되는 것, 사실은 그 이상의 것이었고, 또한 우리를 황제라는 칭호와 함께 우롱하는 것이었습니다. 바벨론 왕도 또한 강도질과 폭력에 의해서 왕국을 점령하였습니다. 그러나 그 왕국이 거룩한 대공[大公]들인 다니엘, 하나냐, 아사랴, 미사엘에 의해 다스려진 것은 하나님의 뜻이었습니다(단 1:6-7, 2:48,

5:29). 그렇다면, 이 제국이 독일의 그리스도인 제후들에 의해서 다스려지는 것은 훨씬 더 하나님의 뜻입니다. 교황이 그것을 훔쳤든지, 힘으로 강탈했든지, 그것을 새로 세웠든지 관계없이 말입니다. 우리가 그런 것에 관해 알기 전에 발생했던 것은 모두 하나님의 명하심입니다.

그러므로 교황과 그의 추종자들은, 자신들이 독일에게 로마 제국을 줌으로써 우리에게 커다란 은덕을 베풀었다고 우쭐거릴 아무런 권리가 없습니다. 무엇보다 먼저, 그들은 그것을 우리의 선을 위해서 의도하지 않았습니다. 오히려 그들이 콘스탄티노플에 있는 진짜 로마 제국 황제에 맞서 자신들의 오만한 계획을 강화하고자 독일에게 로마 제국을 주었을 때, 그들은 우리의 순박함을 이용했습니다. 교황은 하나님과 정의를 거슬러서 이 제국을 빼앗았고, 그는 이런 것을 행할 권리를 지니지 않았습니다. 두 번째로, 교황의 의도는 우리에게 제국을 주기 위함이 아니라, 다만 그 자신이 제국을 얻기 위해서였습니다. 그가 우리의 모든 힘과 자유, 부유함, 우리의 몸과 영혼을 그 자신에게 종속시키고, 또한 우리를 통해서 (하나님께서 그것을 막지 않으시는 경우) 온 세상을 지배할 수 있도록 말입니다. 그는 교령들을 통해서 분명하게 그런 것들을 밝히고 있으며, 수

많은 독일 황제들을 상대로 다양한 사악한 간계들을 써서 그렇게 행하기를 시도해 왔습니다. 여태껏 우리 독일인들은 우리 독일말을 배워 왔습니다. 우리가 [우리 자신의] 주인이었다고 생각하고 있었던 한편, 사실상 우리는 역사상 가장 기만적인 폭군들의 노예가 되고 있었습니다. 우리는 제국의 이름과 작위, 휘장을 지니고 있지만, 교황은 제국의 보화와 권한과 권리, 그리고 자유를 지닙니다. 우리가 껍데기를 갖고 놀고 있는 동안, 교황은 알맹이를 게걸스레 먹고 있습니다.

우리가 이미 논의했듯이, 폭군들의 간계를 통해 이 제국을 우리의 보호에 맡기시고 또한 다스릴 책임을 주셨던 하나님께서 우리가 그 이름과 작위와 휘장을 실제 누릴 수 있고, 또 우리의 자유를 되찾을 수 있도록 도우시기를 빕니다. 교황 지상주의자들로 하여금 최종적으로 그들을 통하여 우리가 하나님으로부터 받았던 것이 무엇인지를 알도록 해야 합니다! 만약 그자들이 우리에게 제국을 주었다고 자랑한다면, 그렇게 하도록 하십시오! 만약 그것이 사실이라면, 교황이 우리에게 로마를, 또한 그가 제국으로부터 빼앗았던 것 모두를 다시 우리에게 주도록 하십시오. 그로부터 오는 감내하기 어려운 세금부과와 바가지를 씌움으로부터 우리나라가 자유로워지도록 해야 합니다. 그로 하여금 우리에게 우리의 자유와 권리와 영광, 또한 우리의 몸과 영혼을 돌려주도록 해야 합니다. 나아가 우리의 제국이 마땅히 되어야 하는 제국이 되도록 해야 합니다. 그래서 교황의 말과 내세우는 주장들이 실제로 이루어지도록 해야 합니다.

그가 그것을 행하지 않는다면, 그는 거짓된 말과 사기꾼적 수법을 통해 무슨 놀이를 하고 있습니까? 여러 세기 동안 충분하게 이 고귀한 민족을 지속적으로 또 무례하게 복종시켜 오지 않았습니까? 교황이 황제에게 왕관을 씌우고 또는 황제를 임명하기 때문에, 그가 황제 위에 있어야 한다는 생각으로 이어지는 것은 옳지 않습니다. 예언자 사무엘은 하나님의 명에 따라 사울 왕과 다윗 왕을 지명해서 왕관을 씌웠습니다만, 그는 그들의 신하였습니다(삼상 10:1, 16:13). 예언자 나단이 솔로몬 왕을 지명했는데, 그 이유 때문에 그가 솔로몬 왕 위에 있지는 않았습니다.[54] 마찬가지로, 엘리사는 자신의 종들 중의 한 사람으로 하여금 예후를 이스라엘의 왕으로 임명하게 했는데, 여전히 그들은 그 왕에 순종하면서 신하로 남았습니다(왕하 9:6). 세상 모든 역

---

54. 성서에 따르면, 제사장 사독이 솔로몬에게 기름을 부었다(왕상 1:39).

사에서 왕을 축복하거나 왕관을 씌웠던 사람이 왕 위에 군림하였던 일은, 교황의 이 유일한 경우를 제외하고는, 결코 발생하지 않았습니다.

교황 자신이 자신 밑에 있는 세 명의 추기경들에 의해 왕관이 씌워지도록 한다면, 그럼에도 불구하고 그는 그들의 상관입니다. 그렇다면 왜 그는 그 자신의 경우에 반해서, 또 보편적인 관례에 반해서, 나아가 성경의 가르침에 반해서, 단순히 그가 황제에게 왕관을 씌우거나 축성한다는 이유 때문에 스스로를 세속 권력이나 제국의 황제 위로 격상시켜야 합니까? 하나님에 관한 일들, 다시 말해 설교, 교리를 가르침, 성사의 집행에 있어서 교황이 황제의 상관이라는 것으로 매우 충분합니다. 이런 점에 있어서는 어떤 주교나 어떤 사제도 다른 모든 사람 위에 있습니다. 성 암브로시우스가 그의 주교 권한에 있어서 테오도시우스 황제 위에, 예언자 나단이 다윗 위에, 사무엘이 사울 위에 있었듯이 말입니다. 그러므로 독일 황제가 정말로 또 참으로 황제가 될 수 있도록 해야 합니다. 이 교황 지상주의 사기꾼들의 거짓된 주장에 의해서, 마치 그들이 황제의 권한으로부터 예외가 되는 것처럼 또한 그들이 모든 것들을 다스리는 것처럼 되어, 황제의 권위나 권세가 억눌리도록 해서는 안 됩니다.

성직자의 결함에 관해서는 이제 충분히 언급했습니다. 비록 우리가 살펴본다면, 더한 것을 발견할 수 있고 또 그럴 것이지만 말입니다. 이제는 이 섹션을 세속적 상황에 관한 문제에 할애하려고 합니다.

무엇보다 사치스럽고 비싼 의복에 제동을 거는 독일 내의 일반적인 법과 칙령이 매우 필요합니다. 왜냐하면 그 때문에 너무나 많은 귀족들과 부자들이 가난하게 되고 있기 때문입니다. 하나님께서는 분명히 우리에게, 다른 나라들에게 하시듯이, 모든 계층에 맞는 적절하고 훌륭한 의복을 만드는 데에 필요한 모직, 모피, 리넨 및 다른 모든 것을 제공하셨습니다. 우리가 비단과 벨벳, 금 장신구와 외국 물품들을 위해 엄청난 돈을 소비할 필요는 없습니다. 제가 생각하기에, 교황이 견딜 수 없는 바가지를 씌워서 우리를 강탈하지 않는다고 할지라도, 우리는 여전히 너무나 많은 나라 안 강도들, 비단과 벨벳 상인들을 가지고 있으리라는 것입니다. 오늘날 모든 이들은 다른 사람들처럼 되기를 원하고 있고, 또한 그에 따라 오만과 시기가 우리 가운데 일어나고 증대됨을 우리가 보고 있습니다. 주목받고자 하는 우리의 갈망이 변하여, 하나님께서 이미 우리에게 주셨던 좋은 것들로 만족하며 감사할 때만이, 이 모든 빈곤과 그 외 훨씬 더 많은 불행들이 기꺼이 주춤하게 될 것입니다.

향신료 거래를 제한하는 것이 또한 필요합니다. 그 거래는 독일로부터 다른 곳으로 돈을 실어 나르는 거대한 배들 중 하나랍니다. 하나님의 은혜에 의해서 먹고 마실 더한 것들이 다른 땅에서보다 우리 땅에서 자라는데, 그것들은 자양분도 많고 좋은 품질입니다. 아마도 저의 제안이 어리석고 비실제적으로 보일 수도 있습니다. 또한 제가 모든 통상무역에서 가장 굉장한 것을 망치는 듯한 인상을 줄 수도 있을 것입니다. 그러나 저는 제가 할 수 있는 최선을 다하고 있습니다. 그렇게 해서 만약에 이 문제에 있어서 조금도 개선이 없다면, 하고자 하는 사람이 그것들을 개선하도록 해야 할 것입니다. 제가 알기로, 상업을 통해서 한 나라로 좋은 풍습들이 들어 왔던 경우들이 별로 없습니다. 그리하여 옛날에 하나님께서는 이런 이유 때문에 당신의 백성, 이스라엘이 바다로부터 멀리 떨어져 머물도록 하셨고, 또한 그들로 하여금 상업에 많이 종사하지 않도록 하셨습니다.

그러나 독일의 가장 큰 불행은 분명히 고리대금업입니다. 만약 이것이 존재하지 않는다면, 많은 사람들이 비단, 벨벳, 금 장신구, 향신료, 기타 다른 사치품들을 사지 못하고 놔둘 것입니다. 이런 거래가 생긴 지는 백 년도 안 되었는데, 그것은 이미 거의 모든 제후들과 여러 기관들, 도시들, 귀족과 그들 후손들에게 가난과 불행과 파멸을 가져다주었답니다. 만약 이런 거래가 앞으로 백 년 동안 더 지속된다면, 독일에는 한 푼도 남아 있지 않게 될 것이고, 우리가 서로를 잡아먹어야 할 때가 올 것입니다. 악마가 고리대금업을 만들어 냈습니다. 교황은 그것을 인준해 줌으로써[55] 온 세상에 화를 불러들였습니다.

그러므로 저는 이제 모든 사람들이 눈을 뜨고 자신의 자녀들과 상속인들의 파멸을 바라볼 것을 간청하고 기도합니다. 파멸은 그저 문 앞에 있는 것이 아니고, 이미 집 안에 들어와 있답니다. 또한 황제와 제후들과 영주들, 그리고 시의회 의원들은 이 거래를 가능하면 신속하게 정죄하고, 더 이상 생기지 않도록 막을 것을 간청하고 기도합니다. 교황이 그의 법을 통해—그보다는 "불법"을 통해—반대하든지, 또는 유급 성직이나 수도원들이 그것에 기반을 두고 있든지 관계없이 말입니다. 한 도시가 정당한 유산이나 수익에 의해서 지원되는 유급 성직을 갖는 것이, 고리대금업에 의

---

55. 고리대금업은 1512년에 제5차 라테란 공의회에서 합법화되었다.

해서 지원되는 백 개의 유급 성직을 갖는 것보다 더 낫습니다. 사실상 고리대금업은, 이 세상이 악마에게 팔렸다는 표시이며 증거임에 틀림없습니다. 이는, 그것이 저지르는 무거운 죄 때문에, 또한 동시에 우리가 세속적, 영적 자산 모두를 잃어가고 있기 때문입니다. 그럼에도 불구하고 우리는 그것을 알아차리지조차 못하고 있습니다.

이와 관련하여, 우리는 푸거 집안 사람들, 그리고 그와 유사한 무리들에게 굴레를 씌워야만 합니다. 한 사람의 생애 동안 그런 엄청난, 왕에게나 가능할 법한 재산을 합법적으로 또한 하나님의 뜻에 의거하여 축적하는 것이 어떻게 가능합니까? 저는 모르겠습니다. 무엇보다 정말로 이해할 수 없는 것은, 100굴덴을 가진 사람이 어떻게 한 해에 20굴덴의 이익을 만들 수가 있습니까? 또한 어떻게 1굴덴을 가진 사람이 또 하나의 1굴덴을 벌 수 있는지 저는 이해할 수가 없습니다. 이런 것들이 땅을 경작하거나 가축을 키움으로써 생산되는 것도 아닌데 말입니다. 이 농업, 목축업에서 부의 증대는 인간의 기지가 아니고 하나님의 축복에 의존합니다. 저는 이 문제를 이 세상적 방식들을 이해하는 사람들에게 맡기렵니다. 신학자로서 저는 이 주제에 관해, 이것이 악의 요소를 가지고 있고, 또한 그 악의 모양을 드러낸다는 것 이외에는 더 이상 질책할 수가 없습니다. 성 바울이 다음과 같이 말하고 있는 바와 같습니다. "악은 어떤 모양이라도 버리라"(살전 5:22). 농업을 증대시키는 한편 상업을 감소시키는 것이 훨씬 더 경건한 일임을 저는 충분히 알고 있습니다. 제가 또한 알고 있는 것은, 성경에 따라 땅을 기반으로 생계를 구하는 사람들이 훨씬 더 잘하고 있다는 것입니다. 이 모든 것이 우리 모두에게 아담의 이야기를 통해서 알려져 있습니다. "땅은 너로 말미암아 저주를 받고 너는 네 평생에 수고하여야 그 소산을 먹으리라 땅이 네게 가시덤불과 엉겅퀴를 낼 것이라… 네가 얼굴에 땀을 흘려야 먹을 것을 먹으리라"(창 3:17-19). 아직도 경작되지 않고 방치된 많은 땅이 우리에게 있답니다.

다음으로 언급할 것은 먹고 마시는 것의 남용입니다. 이것은 마치 우리 독일인의 특별한 악덕이기라도 한 듯이, 다른 나라들에서 독일인들에게 돌려지는 나쁜 평판입니다. 교회의 설교도 이를 멈출 수가 없으니, 이는 너무나 깊이 뿌리 내려져 있고 또 너무나 강하게 우위를 점하고 있습니다. 돈 낭비는, 만약 그에 동반되는 모든 악덕들, 곧 살인, 간통, 도둑질, 신성모독 등 기타 모든 종류의 부도덕이 그에 따라오지만 않는다면, 그것에 의해 초래되는 가장 작은 악일 것입니다. 그것을 방지하기 위해서는 정부가 어떤 것을 할 수 있습니다. 그렇지 않으면, 그리스도께서 말씀하신 것이 닥치게 될 것입니다. 그리하여 사람들이 먹고 마시고 결혼하고 구애하며 집 짓고 심으며 사고팔 때에 은밀한 올가미와도 같이 마지막 날이 오게 될 것입니다(눅 21:34, 12:45; 마 24:36-44). 그것은 현재 벌어지고 있는 것과 매우 많이 비슷하므로, 저는 충심으로, 심판의 날이 가까이 와 있기를 소망합니다. 비록 그런 것을 생각하는 사람이 얼마 되지 않지만 말입니다.

마지막으로, 우리가 모두 정결함을 서약하며 세례를 받았는데도, 우리 가운데 공개적이고 흔하게 매춘업소가 있다는 것을 그리스도인으로서 허용한다는 것이 통탄할 만하지 않습니까? 저도 어떤 사람들이 이것에 대해서 말하고 있는 것을 매우 잘 알고 있습니다. 다시 말해, 이것이 한 나라에 특유한 관습이 아니며, 또 없애기가 어렵다는 것입니다. 나아가서, 결혼한 여성이나 소녀들, 또는 한층 더 고귀한 신분의 여성들이 수치스러운 일을 당하는 것보다는 그와 같은 업소를 유지하는 것이 더 낫다는 것입니다. 그럼에도 불구하고 세속 정부와 그리스도교 정부 또한, 그런 악이 그런 종류의 이교도적인 관행에 의해서 방지될 수 없음을 깨달아야만 하는 것 아닙니까? 이스라엘의 후손들이 그런 혐오스러운 일이 없이 살아갈 수 있었다면, 왜 그리스도인들이 그 정도로 행할 수 없겠습니까? 사실상 어떻게 그렇게 많은 도시들, 시골 마을들, 장이 서는 마을들이 그런 집 없이 꾸려지고 있습니까? 왜 커다란 도시들 또한 그런 사창가 없이 돌아갈 수 없겠습니까?

매춘업소에 관한 문제에 있어서, 또한 이전에 언급된 다른 문제들에 있어서, 저는 세속 정부가 얼마나 많은 좋은 일을 시행할 수 있는지, 또 모든 정부의 과제가 되어야 할 것이 무엇인지를 가르쳐 보여주고자 힘써 왔습니다. 그렇게 함으로써 모든 이가 높은 자리에 앉아 다스린다는 것이 얼마나 엄청난 책임을 져야 하는지를 배울 수 있도록 하기 위함입니다. 만약에 한 지배자가 성 베드로와도 같이 그 자신의 삶에서 거룩한데도, 그가 이런 문제들에 있어서 자기 밑에 있는 사람들을 성실하게 도우려고 노력하지 않는다면, 무슨 소용이 있겠습니까? 바로 그의 권위가 그를 정죄할 것입니다. 그가 다스리는 사람들을 위해 최선을 추구함이 바로 권좌에 있는 사람들의 의무입니다. 만약에 권좌의 사람들이 어떻게 젊은이들이 결혼 안에서 합쳐질 수 있는지에 대해 숙고를 한다면, 결혼에 대한 소망은 그들 각 사람이 유혹에 견디고 저항하는 데에 있어서 크게 도움이 될 것입니다.

그러나 오늘날 모든 사람이 성직 또는 수도 생활에 이끌리고 있는데, 제가 말하기 유감스럽지만, 그들 가운데 생계 수단을 구하고 또한 자기 자신과 가족을 부양할 수 있으랴는 것을 의심하는 이유가 아니라 다른 이유를 가진 사람은 백 명이 있다면 단 한 사람도 없답니다. 그래서 그들은 사전에 아주 막되게 살고, 나아가 그들 자신이 말하듯이, 그들이 속하게 되는 제도 밖에서도 그런 삶을 취하기를 원합니다. 그러나 그런 것은 단지 그들 안에 더 깊게 뿌리 박힐 뿐임을 사례들은 나타냅니다. 저는, "자포자기의 절망이 대부분의 수도사와 사제들을 만든다(Desperatio facit monachum)"라는 속담이 사실임을 알게 됩니다. 바로 이런 일이 벌어지고 있는 것이고, 또한 우리가 알듯이, 그 사연이 이런 것이랍니다.

그러나 충심으로 제가 조언하고자 하는 것은, 그토록 파렴치하게 유혹하는 많은 죄를 피하기 위해서, 소년이나 소녀의 나이에 있는 젊은이는 순결 서약에 묶여서는 안 되고, 또는 서른 살 전에는 수도자나 성직자의 삶을 채택하는 서원에도 묶여서는 안 된다는 것입니다. 동정은, 성 바울이 말하듯이, 특별한 선물입니다(고전 7:7). 그러므로 하나님께서 당신의 특별한 선물을 부여하시지 않은 사람들이라면 수도회에 입회하거나 또는 서약을 하지 말 것을 저는 조언하고자 합니다. 더 나아가, 만약 어떤 사람이 결혼한 사람으로서의 자기 자신을 유지할 수가 없을 정도로 하나님을 거의 신뢰하지 않고, 오직 이런 자신감의 결여 때문에 수도자나 성직자가 되려고 한다면, 저는 그 사람에게 그 자신 영혼의 유익을 위해서 절대로 그런 삶으로 들어가지 말 것을 간청합니다. 그런 사람은 차라리 농부가 되거나, 또는 그가 원하는 어떤 다른 길을 가기를 조언합니다. 왜냐하면 그런 곳에서는 일용할 양식을 얻기 위해서 하나님께 대한 1정도의 믿음이 필요하다고 한다면, 수도자나 성직자로 남기 위해서는 그 열 배의 믿음의 분량이 있어야만 하기 때문입니다. 세속 일에 있어서 스스로를 떠받치기 위해서도 하나님을 신뢰하지 않는다면, 어떻게 그런 사람이 영적인 일에 있어서 자신을 떠받치기 위해서 그분을 신뢰하겠습니까? 아아, 각계각층에서 우리가 보듯이, 불신앙과 불신은 모든 것을 망치고, 또한 우리를 온갖 종류의 불행으로 이끈답니다.

  이러한 비참한 상황에 대해서는 훨씬 더 많은 것이 언급

될 수 있습니다. 아직 어린 사람들은 자신을 돌보아 줄 그 누구도 갖지 못합니다. 그들은 그저 자기 멋대로 행동하도록 남겨지고, 정부는 마치 결코 존재하지 않는 무엇인 양, 그들에게 소용이 없습니다. 젊은이들을 보살피는 일은 교황과 주교, 그리고 지배 계층, 또한 의회의 주요한 관심이 되어야만 합니다. 그들은 모든 곳에 모든 일에 권한을 행사하고 싶어하지만, 그럼에도 불구하고 아무에게도 도움이 되지 않습니다. 바로 이런 이유 때문에 하늘에 가면 그 통치자와 군주는 보기 힘든 존재가 될 것입니다. 비록 그가 하나님을 위해서 백 개의 교회를 짓고, 또한 모든 죽은 이들을 일으켜 세울지라도 말입니다!

현재로서는 논의된 것이 이제 충분하다고 하겠습니다. {세속의 권력자들과 귀족들이 해야 하는 것들에 관하여 쓴 저의 작은 책자, 《좋은 일에 관하여(*Treatise on Good Works*)》에 제가 자세하게 논의했다고 믿습니다. 그들의 삶과 통치에 있어서는 확실히 개선의 여지가 있습니다. 그러나 세속 권세의 남용은, 이 책에서 제가 보여 주었듯이, 영적 권세의 남용에는 비교될 수 없습니다.}[56]

제가 지금까지 매우 노골적으로 거침없이 말해 왔음을

---

56. 괄회 }의 내용은 첫 번째 출간본에서는 나타나지 않는다.

저도 잘 알고 있습니다. 비현실적으로 여겨지기도 할 많은 제안들을 제가 제시하기도 했습니다. 저는 많은 것들에 대해 몹시 심하게 맹비난해 왔습니다. 그런 것을 제가 어떻게 달리 할 수 있겠습니까? 저는, 말을 해야 할 의무가 있는 사람입니다. 그런 것들은 만약 제가 힘을 가지고 있다면 실행할 것들이랍니다. 저는 저에게 하나님의 진노하심보다는 차라리 세상의 노여움이 닥치게 하렵니다. 세상은 제게 대해 저의 생명을 앗아가는 것 이상의 것을 행할 수 없습니다. 과거에 저는 저의 적들에게 평화의 제안들을 종종 제시했었습니다. 그러나 상황을 볼 때, 하나님께서는 제가 그들에 대해 계속해서 더 넓게 더 광범위하게 발언하지 않을 수 없도록 이끄셨고, 또한 그들에게 말하고 짖어대고 외치며 글을 쓸 충분한 구실을 주셨습니다. 왜냐하면 그 사람들은 달리 행할 아무것도 가지고 있지 않기 때문입니다. 저는 로마와 그 교황 지상주의자들에 관한 작은 노래 하나를 압니다.[57] 그들의 귀가 그 노래를 듣고자 하여 근질근질하다면, 제가 그 노래 또한 그들에게 불러줄 것입니다. 그것을 최고의 높은음으로 소리 내어 불러 주겠습니다! 친

---

57. 작은 노래란 이 논문 후 얼마 되지 않아서 바로 출간되었던 루터의 다른 글, 〈교회의 바빌론 유수(*The Babylonian Captivity of the Church*)〉를 말한다.

애하는 로마여, 그대는 내가 무엇을 말하고 있는지를 이해합니까?

더욱이, 저는 여러 번 제가 쓴 글들이 검토되고, 또 저를 설명할 기회가 되도록 제 글을 공개했으나 아무 보람이 없이 헛되었습니다. 그럼에도 불구하고 저는, 저의 대의가 올바르다면, 그것이 세상에서 정죄되어도 오직 하늘의 그리스도에 의해서 옹호될 것임에 틀림없음을 온전히 잘 알고 있습니다. 왜냐하면 모든 성경은 그리스도인들과 온 세상 그리스도교계의 주장과 그 동기들이 오직 하나님에 의해서 심판되리라는 것을 보여주기 때문입니다. 사실 어떤 큰 이상도 세상에서는 사람들에 의해서 옹호되었던 적이 없습니다. 왜냐하면 항상 반대가 너무도 크고 거세었기 때문입니다. 저에게 있어서 여전히 가장 큰 염려와 불안은 저의 뜻이 비난받지 않을 수 있을까 하는 것입니다. 그렇다면 저는 그것이 하나님께 기쁨이 되지 않는 것임을 분명하게 알 것이기에 말입니다.

그러므로 그들이, 교황과 주교와 사제들, 수도사들, 또는 학자들이 제가 주장하는 것들에 대해 그저 모질게 나오도록 내버려 두십시오. 그들은, 지금까지 언제나 그러했듯이, 진리를 박해하는 사람들일 뿐입니다.

하나님께서 우리 모두에게 그리스도교적 정신을 부어주시기를, 그리고 독일의 그리스도인 귀족 여러분께 특별히 가련한 교회를 위해서 그들이 할 수 있는 최선을 행하도록 참된 영적인 용기를 허락해 주시기를 빕니다.
아멘.

1520년,
비텐베르크에서

에필로그

우리가 루터를 기억해야 할 이유

루터의 종교개혁과 한국의 개신교

16세기 초에 독일의 작은 도시 비텐베르크(Wittenberg)를 중심으로 시작된 종교개혁은 500여 년 후 지구의 거의 반대편에 위치한 한국에도 적지 않은 영향을 미쳤다. 16세기 다양한 흐름의 개신교 종교개혁이 왕성하게 일어났던 유럽 기독교가 21세기 들어 쇠퇴해진 반면에 20세기 기록적인 교회 성장을 보여준 한국기독교는 유독 강한 개신교의 모습을 보여주고 있기 때문이다. 한국기독교는 개신교의 대표주자 마틴 루터(Martin Luther, 1483-1546)와 장 칼뱅(Jean Calvin, 1509-1564) 중에서 칼뱅의 영향력을 더 크게 보여주지만, 루터의 핵심교리와 칼뱅의 신학이 혼용되어 영향력을 끼치고 있다. 특히 루터가 주장한 '믿음으로 의롭게 된다'는 '이신칭의'는 한국개신교 신앙의 핵심적인 지침이 되어 왔고, 심지어 고백적 믿음이 종종 삶의 행위를 능가해 작동할 때가 많았다. 매년 10월 마지막 주에 거의 모든 한국 교회가 기념하는 종교개혁주일에도 루터의 이름과 95개 조문과 '이신칭의'는 여전히 유효하게 간주되고 있다.

다만, 칼뱅주의가 강한 한국기독교가 16세기 종교개혁에 있어서 1세대 루터와 2세대 칼뱅의 시대적 역사적 차이를 인식할 필요가 있다. 자신들이 처한 상황에서 주어진 과제와 방법이 달랐고, 상황과 시급성과 기반이 다를 수밖에 없기 때문이다.

중세에서 근대로의 전환, 루터가 보여준 응집된 변화의 힘

루터의 종교개혁을 단순히 16세기에 일어난 하나의 종교적인 사건으로 해석해서는 안 된다. 루터의 종교개혁은 중세 말기에 고전연구로 시작된 인문주의와 새로운 세계관과 인식론을 문화로 꽃피운 르네상스에 기초해 일어난 코페르니쿠스적인 전환과 같은 종교 지평의 변혁 사건이었다. 보름스(Worms)공원에 자리한 루터의 동료 그룹 동상들이 보여주듯이, 새로운 세계관으로 무장된 다양한 분야의 전문 학자들의 축적된 연구와 협력이 없었더라면 루터의 종교개혁은 그처럼 강력한 시대의 무기가 될 수 없었을 것이다.

루터의 종교개혁은 또한 독일의 역사적 운명과 민족성을 일깨우는 과정과 깊게 연결되었다. 독일은 당시 프랑스나 영국이나 스페인에 비해 상대적으로 민족적 응집력과 정치력이 약했다. 이런 상황에 루터의 신학적 깃발은 로마 교황이 독일을 재정적으로 어렵게 만드는 일에 반대할 명분을 제공했고, 그의 독일어 성경 번역은 독일 민족의 자의식을 깨우는 데 크게 일조했다. 이와 함께 중세독일교회의 출발점인 마인츠(Mainz)에서 발전된 구텐베르크의 활자술은 오늘날의 종이신문에서 SNS 매체로의 혁명적 충격만큼이나 큰 변화를 유럽 전체에 가져다주었다. 루터는 이런 시대적 매체의 힘을 가장 깊이 느끼고 활용한 인물이었다.

루터는 이처럼 중세에서 근대로 이행하는 과정을 상징적으로 보여준 인물이었고, 천 년 이상을 지배하던 중세유럽기독교의 세계관을 뒤흔든 사람이었다. 루터는 시대 전환의 비등점을 가장 잘 표현한 인물이었던 것이다.

1517년 비텐베르크 95개조 반박문에서
1529년 슈페이어(Speyer)회의까지

16세기 종교개혁과 관련해 루터의 인생 중에 가장 급박하고 흥미진진한 시기를 본인은 1517년부터 1529년으로 보고 있다. 1517년에 교황 레오 10세(Leo X, 재위 1513-1521)가 성 베드로 성당의 건축기금을 위해 대사면을 선포했고, 면벌부의 남발로 인한 개혁가들의 주장은 그 해 10월 루터의 95개조 반박문에서 정점을 이루었다. 그리고 이때 촉발된 긴장과 논란은 1529년 슈페이어(Speyer)회의에서 14개의 중요 도시들이 루터를 비롯한 개혁가들을 지지하면서 프로테스탄트(protestant)라는 명칭과 함께 종교개혁가들이 안정된 종교적 실체로 자리하게 되었다.

이 기간은 루터를 비롯한 종교개혁가들과 교황, 선제후 프레데릭 3세(Friedrich III)와 신성로마제국 황제들(막시밀리안과 샤를 5세) 사이에 긴장된 순간들이 쉼 없이 이어졌다. 각 진영을 대표한 최고의 학자와 수사학자와 정치가와 신학자들이 동원되었고, 시대와 사람들을 자기편으로 끌어들이기 위한 논쟁과 투쟁이 지속되었다.

하지만, 이런 과정이 그저 정쟁이나 논쟁으로 끝나지

는 않았다. 종교개혁가들은 머지않아 개신교라 불릴 자신들의 새로운 흐름에 정체성과 신학적 고백과 학문적 논리를 만들기 위해 동분서주했다. 1517년에 교황청의 대사면 발표와 루터의 95개조 반박문이 이전과는 전혀 다른 종교적 지형을 가져올 것이라고는 누구도 쉽게 예측하지 못했을 것이다. 그러나 루터와 필립 멜랑히톤(Phillipp Melanchton)과 요한 에크(Johann Eck)가 1519년에 벌인 라이프치히 논쟁(Leipzig Debate)은 서로가 돌아올 수 없는 강을 건넜다는 것을 확인시켜 주었다. 1520년 6월에 교황은 루터를 정죄했고, 루터는 3편의 논문으로 자신이 생각한 종교개혁의 원인과 핵심을 공개적으로 제안하고 발표했다. 1521년 카를 5세가 주재한 보름스의회에서 우리는 "주여, 내가 여기 있나이다. 나를 도우소서, 아멘!"(Ich stehe hier, helfe mir, Gott)이라는 유명한 구절 속에서 루터의 결기를 느낄 수 있다. 이후의 수많은 논쟁은 1529년 터키에 대적하기 위해 군주들의 도움을 요청해야 했던 황제가 소집한 슈페이어회의에서 주요 도시들이 루터를 비롯한 종교개혁가들을 지지하면서, 새로운 지평을 맞게 되었다. 이제 굳이 루터가 몸소 횃불을 들고 외롭게 외칠 필요가 없는 상황에 도달하게 된 것이다.

1520년, 교황청의 정죄에서 루터의 책을 통한 본격적인 저항으로

1517년 만 34세의 나이에 95개 논제로 담대하게 횃불을 들고 난 후 3년 동안이 루터의 일생 중에 가장 분주했던 시간이었을 것이다. 교황은 신성로마제국 황제와 지역 군주들, 그리고 추기경들을 비롯한 교황청의 공식 라인을 통해 루터의 입을 막기 위해 동분서주했다. 하지만 의도대로 되지 않자, 교황은 1520년 6월 15일에 루터를 정죄(Ex surge Domine)해 버렸다. 그리고 그해 8월부터 11월까지 루터는 세 편의 기념비적인 논문을 통해 종교개혁의 진심을 잘 담아 내었다.

〈독일의 그리스도인 귀족들에게〉(1520년 8월), 독일어

종교개혁 초기의 상황을 되돌아보면서 교회 내부의 타락, 교회 권위의 남용, 부패한 관행들을 로마교회가 개혁할 능력이 없다는 것을 지적하고 이제 독일의 귀족과 군주들이 나서 줄 것을 요청하는 논문이다. 루터는 종교개혁을 해야 할 이유를 압축적으로 보여주면서, 독일 귀족들이 교회개혁에 역할을 해 줄 것과 신성로마제국의 구조에 도전을 줄 것을 요청했다.

〈교회의 바빌론 유수〉(1520년 10월), 독일어와 라틴어

이스라엘 민족의 바빌론 유수를 상기시키듯 교회의 바빌론 포로 상황을 이야기하면서 가톨릭교회의 성례전을 주로 다루었다. 루터는 교회의 전통적인 7가지 성례전에 도전하면서 세례와 성만찬 만이 성경적이라고 주장했다. 7성례의 종류 축소보다 더 중요한 것은 세례를 받고 성찬에 기계적이고 수동적으로 참여하는 대신, 이 과정에서 참여자의 믿음의 역할이라고 루터는 강조했다. 성례는 거룩한 약속이며, 믿음 안에서만 성례전에 참여할 수 있다고 주장했다.

〈그리스도인의 자유〉(1520년 11월), 독일어와 라틴어

그리스도인이 어떻게 살아야 할 것인가를 가장 잘 보여준 논문이다. 그리스도인은 행위나 공덕이 아니라 신앙에 의해 의로워지고, 이렇게 얻은 신앙이 사람을 자유롭게 만든다. 이 자유는 정치적 사회적 자유가 아니라 내면적이고 영적인 자유를 뜻한다. 믿음에 의한 자유 때문에 그리스도인은 만물의 주이지만, 동시에 모든 사람에게 예속되어 있고 모든 자를 섬겨야 하는 존재이다.

이처럼 이 세 편의 논문은 개신교 종교개혁을 위한 하나의 탄탄한 격문이다. 로마교회의 타락을 지적하면서 자국민의 올바른 리더십과 역할을 강조한 루터는, 중세가톨릭교회의 핵심인 7성례에 도전했고, 믿음과 자유만이 진정한 기독교인의 신앙과 삶을 형성할 수 있다는 새로운 그림과 해석학을 그려 내었다.

이 책의 의도

키아츠는 1520년 가을에 나온 루터의 세 논문에 대한 한국어 번역작업을 오래전부터 준비해왔다. 원래는 종교개혁 500주년이 되던 2017년에 이 책들을 발간하려고 했다. 그런데, 그 의미 있는 해에 종교개혁주일 직전에 한국의 대표적 대형교회인 명성교회가 아버지로부터 아들에게 담임목사직을 물려주는 일명 부자세습을 밝히면서 한국교회에 찬물을 끼얹었다. 루터를 비롯한 종교개혁가들의 단어를 빌리면, 부자세습은 성직매매, 즉 시모니(Simony)였다. 이후에 적지 않은 시간이 지나 이번에 드디어 세권을 함께 발간하게 되었다.

우리는 독자들이 본문 안으로 들어가 이 글을 차분히 읽어 내려갔으면 한다. 라틴어로 쓰인 글을 포함해 루터의 글은 대게 내용을 길게 설명하는 만연체 스타일이다. 옆집 아저씨의 구수한 이야기처럼 들리는 루터의 설명은 어려운 주제도 술술, 쉽게 설명해 준다. 이 세 편의 논문은 중세 가톨릭교회의 가르침과 16세기 종교개혁의 인식이 어떻게 다른지, 왜 루터가 변화와 개혁의 횃불을 들 수밖에 없었는지를 잘 보여줄 것이다.

그러면서 본인이 편집작업을 하면서 느꼈던 당시 상황과 21세기 한국기독교의 상황이 오버랩 되는 것을 독자들이 느끼기를 소망한다. 부자세습과 건축에의 몰두와 값싼 '입-종교'가 되어버린 한국기독교의 변화와 개혁의 전환점을 독자들이 마음과 양심 속 깊은 곳에서 느끼기를 소원한다. 하나님과 예수는 여전히 믿어야겠는데, 지금의 상황이 절망적이어서 고민하는 한국의 신실한 기독교인들이 당시와 같은 또 하나의 전환점을 이 책을 통해 만들어 가기를 가슴 깊이 절절히 바란다. 독자들이 한문단 한문단 자잘한 구절에 집착하기보다는 세 편이 크게 그려내는 시대 그림을 파악해 낼 수 있었으면 한다. 그래야만 이 책을 통해 후기 기독교사회에서 허우적거리는 한국교회에 대한 대안적 그림들이 솟아 나올 수 있기 때문이다.

그러면 이제 루터의 입을 빌려, 중세에 한국교회에 도전하는 글 속으로 들어가 보자.

"그리스도인은 그 자신 안에서가 아니라 그리스도와 그의 이웃 안에서 사는 사람이다. 신앙으로 주 안에서 살고 사랑으로 이웃 안에서 산다.

신앙을 통해 하나님에게 이르며, 사랑을 통해 하나님에게서 자신을 낮추어 이웃에게 이른다. 이것이 참된 영적인 그리스도의 자유이다."

2021년 3월
김재현 키아츠 원장

주요자료

마틴 루터의 1차 자료

- *Dr. Martin Luther's sämmtliche Werke* (독일어), C. Heyder : Erlangen (1826)
- *Luther's Works* [American Edition] (영어), Concordia Publishing House : Saint Louis (1955~)
- *Luthers Werke in Auswahl* (독일어), Marcus und Weber : Bonn (1912)
- *Weimar Edition of D. Martin Luthers Werke, kritische Gesamtausgabe* (독일어), H. Böhlau : Weimar (1883)
- *Works of Martin Luther: with introductions and notes* (영어), Muhlenberg Press : Philadelphia (1915~)

이 책에 담긴 3부작과 관련된 영어본 도서

- *An open letter to the Christian nobility of the German nation, concerning the reform of the Christian estate 1520*, (출판정보 없음, 1919)
- *First principles of the Reformation; or, The ninety-five theses and*

the three primary works of Luther translated into English, London, J. Murray (1883)
- *Martin Luther's The church held captive in Babylon : Latin-English edition with a new translation and introduction*, New York : Oxford University Press (2019)
- *On the freedom of a Christian: with related texts*, Hackett Publishing Company: Indianapolis (2013)
- *The Babylonian captivity of the Church, 1520*, Fortress Press : Minneapolis (2016)
- *The Ninety-Five Theses, On Christian Liberty, and Address to the Christian Nobility*, La Vergne : Neeland Media LLC (2019)
- *To the Christian Nobility of the German Nation, 1520: The Annotated Luther*, Paris: Fortress Press (2016)

한국어 번역 도서

- 《그리스도인의 자유》, 추인해 역, 동서문화사(세계사상전집 58), (2016)
- 《독일민족의 그리스도인 귀족에게 고함, 교회의 바빌론 포로에 대한 마르틴 루터의 서주, 그리스도인의 자유에 대한 논설》, 황정욱 역, 길 (2017).
- 《독일 기독교 귀족에게 고함》, 세창 미디어 (2010).